SHODENSHA
SHINSHO

なぜ妻は突然、離婚を切り出すのか

打越さく良

祥伝社新書

はじめに

円満で、幸せな僕たち夫婦。愛情あふれた私たち家族。

それは良かった。何よりです。

でも、それは自分だけの思い込みだとしたら。

あなたの妻または夫、子どもには、まったく真逆の、不仲で、不幸せ、恐怖心が募《つの》る、そんな家族になっていたら…？

そんなことがあるわけない？

残念ながら、大いにあるのです。


自己紹介をしていませんでした。私は、離婚などの家事事件を専門とする弁護士です。一度は愛したこともある夫・妻とのトラブルは本当に疲弊するもの。その解決にお役に立てることにやりがいを感じています。特に、ドメスティック・バイオレンス（DV、直訳すれば「家庭内暴力」ですが、日本では、親子間の暴力は含めず、夫婦間や恋人などの親密な関係にある〈または過去にあった〉人からの暴力を指すことが多いです）の被害に遭《あ》った方の事件を積極的に引き受けています。

長年家庭内で暴力をふるわれ続け耐えてきた方は、初めて法律相談に現われたとき、憔《しょう》悴《すい》し、恐怖と不安で打ちのめされています。しかし、解決に向かうにつれ、だんだん元気になっていく。初めてお会いするときとは別人のようないきいきとした表情を見せてくれ、元気になられる様子に、驚きつつ、嬉しくなることが何度もありました。清々《すがすが》しい笑顔で、前向きに新しい生活をスタートしていかれることに伴走《ばんそう》できることは、弁護士冥利《みょうり》につきます。

「離婚したい」という依頼もあれば、「離婚したくない」という相談もお受けしています。「離婚したい」「離婚したくない」、双方の言い分を聞いてきた経験から、どうも、一方は他方から「突然」離婚を切り出されたと思っても、他方はずっと離婚するかしないか悩んでいた、というケースが少なくないということがわかってきました。それも、「離婚したくない」側は、他方がずっと「離婚したい」と思い悩んでいたことに気づきもせず、まさに青天《せいてん》の霹《へき》靂《れき》、ということが少なくありません。

どうして、これほど認識に違いが生じてしまい、その違いに気づくこともできないのでしょうか。

この本は、「夫婦円満」「パートナーとはラブラブ」と思っているあなたには、「それは本当ですか」「もしかしたら、自己満足かもしれませんよ」と、相手との関係を振り返ってもらうことを目的にしています。大切な夫・妻、パートナーとの関係に水をさすようなことはやめてほしい？　いやいや、この本は転ばぬ先の杖《つえ》。あなたにとって壊したくない大切な関係が、もし相手にとっては「苦しい、恐怖の関係」になっているとしたら…？　そんなこと知らない、と放置してはいられません。

あなたにとって幸せで大切な関係が、相手にとってもそうであるように、どんなことに注意したらいいか。どんなことを心がけたらいいか。そのヒントをこの本から得ていただければ、嬉しいです。

平成二十七年十二月

打越《うちこし》さく良《ら》

目次

第2章　こんなサインに気づけたら

第3章　突然の離婚の申し入れ

第４章　裁判所に行くことになってしまったら

第5章　離婚（突然離婚）を避けるためのアドバイス

図表作成…篠宏行

第1章

夫婦円満、本当ですか？

絵に描いたような幸せな夫婦？

絵に描いたように幸せな夫婦。そう思っていたのに、配偶者から突然「離婚したい」と言われるケースが、実際にあります。

「相手の一方的な申し入れになぜ応じなくてはいけないのだ」「裁判所で手続きをしてみたら、相手の要求が一方的であることがわかってもらえるだろう」「調停でも訴訟でも何でもしたらいい。裁判所で認められるわけがない」などと思われるかもしれません。

しかし、当初の予想に反して、判決でも、相手からの離婚請求が認められてしまう。一方が「ありえない」と納得できないのに離婚に至る事態は、実際にあることです。

本書で取り上げる事例は、裁判例のほかは、「フィクションです。実在の人物や団体とは一切関係ありません」としておきますが、実際には、私が見聞きしたさまざまな体験をもとにしているとお考えください。もちろん、弁護士には守秘義務がありますし、ご自分の辛《つら》いご経験をネタにされるのは、気分がよくないものでしょうから、個々のケースと特定されないように配慮しています。ただ、「まさか。ここまで認識にギャップが生じるわけがない」、「ショッキングなものにしようと誇張しているんだろう」などと思わないでください。この程度は序の口、むしろシンプルにしています。現実にはこれ以上の認識のギャップがあるケースは多い、と考えてください。

まずは、「夫婦円満、僕はイクメン」と自負する夫Aさん（38歳）のお話をうかがってみましょう。

僕たちは大学のサークルで先輩・後輩として知り合って、交際を始めた。ケンカして別れたこともあったけど、お互いの良さを認め合ってまた交際、ということを繰《く》り返し、彼女が大学を卒業して仕事にも慣れた3年目で、僕が28歳、妻が25歳で結婚した。2人で結婚式場、披露宴会場から、ウェディングドレス、タキシード、料理、ウェディングケーキ、引き出物もとことん話し合って決め、ささやかだけどあたたかな素晴らしい結婚式、披露宴をとりおこない、たくさんの人に祝福を受けた。僕は考え抜いた謝辞《しゃじ》を読み上げながら、感極まって涙した。

それから10年、この間、長女（8歳）と長男（5歳）を授《さず》かった。目に入れても痛くないほどかわいい。ただ、子育ては思ったよりも大変だ。大手金融会社に勤める僕は仕事に忙しく、帰りは平日早くて午後10時過ぎ、午前様のときもある。夫婦で話し合って、妻が出版社を辞め、専業主婦になってくれた。でも家計は厳しい。長男もある程度大きくなった。できれば長女同様、長男にも私立小学校へ入学してほしい。お受験のための教室は思った以上に負担だ。受験が終わったら、学費がさらにかかるので、妻には家計の補助のためパートに出てほしい。35年ローンで購入した自宅の負担も、とてつもない。パートに出るのは、妻にとっても気晴らしになるだろう。

日曜日には極力遠出をしてきた。冬はスキー、夏は海、東京ディズニーランド。最近はめっきり歳をとった僕の父母に子どもを見せに行くことも多くなった。時々ホームパーティをしたり、旅行をしたりもする。家族サービスもしっかり怠《おこた》っていない。

ときにはちょっとしたことで妻とぶつかるときもある。でも、思ったことはすぐ口にし、その場で問題解決。子どもにもビシッと言うときは言う。しつけの一環《いっかん》だ。でも、子どもも僕を信頼し、なついている。

家庭円満、仕事も順風満帆《じゅんぷうまんぱん》、妻を支え妻に支えられ、子どもを慈《いつく》しみ、なつかれ…。

「言うことなし」の家庭生活を送っていたそんなある日、Aさんが帰宅したら…。

いつも「おかえりなさい」と出て来る妻Ｂ（36歳）が出てこない。それどころかシーンとしている。皆、寝たのかな…。どんなに遅くてもＢは起きて待っているはずなのに、一体どうしたんだ。むっとしながら、リビングの電気をつける。いつもはそこかしこに置いてある子どもの物もない。僕が「散らかすな」と注意をしているのが功《こう》を奏《そう》したのか…？　それ以外も家の中ががらんとしている。ん？　リビングのテーブル上に、封筒がぽつんと置いてある。「Ａ様へ　Ｂより」と書かれてある。いったいなんだ？　開いてみる。

「私はもう、あなたから心ない仕打ちを受け続けることに疲れきってしまいました。今までは子どもたちのためにと、離婚を思いとどまってきました。しかし、子どもたちも私と同様あなたのことを怯《おび》えるようになった今、私が耐えていることは、決して子どものためによいことではないとわかりました。

もう夫婦でいることは終わりにしましょう。

私と夫婦でいることは苦痛でしかたがない、離婚したい、と繰り返し言っていたあなたにとっても、望むところでしょう。

子どもたちがあなたに怯えている以上、今すぐには会ったりすることは、難しいかもしれません。しかし、あなたが彼らの父親であることは、離婚後も変わりません。円満に離婚を解決し、子どもが痛手から回復したら、会えるようになってほしいと願っています。

私たち二人で穏やかに協議《きようぎ》することは難しいと思うので、離婚協議について、○○弁護士に頼みました。○○弁護士から早々にご連絡があると思います。今後は私に直接の連絡をしないでください。私の両親にも連絡しないでください」

頭の中が真っ白になる。いったい、どういうことだ？

妻から見たら　その1　交際・結婚編

夫Aさんが何も問題を感じなかった夫婦関係を、妻Bさんはどう感じていたのでしょうか。妻Bさんは、夫Aさんが何も感じていなかった、むしろ心底「夫婦円満だ」と思っていたと知ったら、驚き、あるいは「やはり何も感じない人なんだ」とあらためて絶望し、ある意味、「納得」してしまうかもしれません。

結論から言えば、妻のBさんにとって、夫婦関係は、円満どころか、「もうとうに壊れている、離婚したほうが子どもにとっても幸せ」な関係でした。

Bさんが思い返してみると、交際していたときだって、結婚するときだって、とうに「この関係、やめたほうがいい」というサインはたくさんあったのです。

実際、私のところに離婚の相談をする方たちで、交際が始まったときなどのずいぶん前に遡《さかのぼ》って、「あのとき、別れていたら…」と後悔する人は、少なくありません。

さて、ではBさんにとっての交際から現在までの関係を振り返ってみましょう。

私たちは、大学のサークルで先輩・後輩として知り合って交際を始めた。何かとすぐキレる彼に辟易《へきえき》して、別れましょうと言ったこともある。でも、しつこく謝られたり、夜中に下宿先の玄関のあたりで「復縁してくれないならここで死ぬ」と大声を出したりするので、周りの迷惑を考え静かにしてほしくて、根負けして、成り行きで復縁する、といったことの繰り返し。社会人になってから、もはやときめきも感じなくなってはいたが、惰性《だせい》でつき合っていた。彼が「そろそろ結婚しよう」と言い出したときも、こんなに長く腐れ縁が続いている以上、まあそれが自然かな、と流されてしまった。

結婚式、披露宴、新婚旅行。ずっと、「この人と結婚して大丈夫だろうか」と悩むようになり、陰鬱《いんうつ》な気持ちになっていた。結婚式場も披露宴会場も、彼の独断。双方社会人なのだから、実家に頼らず、分相応のささやかなものにしたい、豪華なホテルの宴会場で行なう必要なんてない、小洒落《こじやれ》たレストランでこぢんまりとやりたい。私がそう提案したら、彼は癇癪《かんしやく》を起こした。文字どおり「地団駄《じだんだ》踏んだ」、彼の子どもじみた様子にはさすがにあっけにとられた。ああ、今なら引き返せるかな。そんな思いがよぎったのに、「おめでとう」と笑顔で祝ってくれる親や友人に悩みを打ち明けるのをためらってしまった。結局、彼がお望みのとおりの、豪華なホテルで披露宴。ウェディングドレスもタキシードも、料理も、ウェディングケーキも、彼の好みで。私が「予算的にも厳しいし、そこまでは必要ないんじゃない？　この程度のほうがセンスが良いのでは」と提案すると、彼は途端《とたん》に不機嫌になる。毎週のように打ち合わせで顔を合わせて彼の不機嫌や癇癪をなだめることになり、不安は募るばかりだった。

そんなに大勢お招きしてもお招きされたほうだって、ご祝儀やら休日がつぶれたりして、ご迷惑だろうし、と私が注意しても、彼は聞く耳を持たない。彼の会社の上司や先輩、同僚などでとんでもない大人数になってしまった。招待状が膨大《ぼうだい》になってしまうというのに、「宛名《あてな》は心をこめて手書きがいい」と言い張る。それはそのほうがいいかもしれないけれども、私も仕事で忙しいいし、住所録ソフトに登録しているのならそのまま印刷するほうがいい。そう言ったら、彼は「手書きにすべきだ！」と怒鳴った。でも結局、「俺は仕事が忙しいんだ」と言って彼自身は全然やってくれない。

私が徹夜《てつや》して彼のお客様の分まで書くことに…。私がやっておいた、と彼に伝えると、「あ、そう」とだけ。あんまりだと思い、「あなたがこんなに大勢呼んで、あなたが手書きにしたいって言ったのよ。私だって忙しいのよ。ひどすぎる」と言ってしまった。そうしたら、彼は謝るどころか、私をにらみつけ、威嚇《いかく》するかのように顔面を近づけてきた。私が後ずさりしても迫ってきて、壁際にまで追い詰められた。「今なんて言った？」とすごむ彼に、「ごめんなさい、ごめんなさい」と謝るほかなかった。

結婚式当日、内心ブルーな気持ちだったが、それでもウェディングドレスの私のほうが、彼より何かとちやほやしてもらえる。そのせいか、彼は露骨《ろこつ》にイライラした様子。なだめておだてて…。気疲れした。その上、常識外れに長々と自分の父母への謝辞。あまりに長い上感極まって嗚咽《おえつ》する彼に、お客様はドン引きしていたり、鼻白んだりしていた。私は、恥ずかしくてうつむくしかなかった。結婚式も披露宴もいらなかった、いや結婚自体しなければよかった、という思いがよぎった。

ロンドン、パリ、ローマの新婚旅行。彼が機嫌がよくて絶好調のときはほっとするし、楽しいときがまったくなかったわけではない。でも、観《み》に行ったクラシックコンサートの指揮者を彼は知らなくて私は知っている、といったちょっとしたことで、すぐむくれる。レストランからぷいっと夫が一人で帰宅してしまい、他のツアー客に「大丈夫ですか?」と心配されてしまった。情けなかった。でも、まあこんな感情の起伏《きふく》、誰もがあるかもしれない、とこらえてしまった。

案の定、結婚式、披露宴、新婚旅行は、高額になった。どんどんオプションを付けてしまったのは彼なのに、「見積もりを大幅に超えたのはどうしてだ!」と各担当者を呼びつけて怒鳴《どな》ったりして、本当に辛い。そんなモンスタークレーマーみたいなことはやめたほうがいいと諭《さと》したら、私に矛先《ほこさき》がくる。だから、担当者に申し訳なく思いながら、黙って身を縮《ちぢ》めているばかりだった。

彼の希望で費用がふくらんでしまったというのに、負担は当然のように折半《せつぱん》で、と言われてしまう。まあ、それはしかたないけれど…。でも、やたらと私のことを見下すようなことを言うくせに、お金のときだけ対等扱いというのはどうか…と釈然《しやくぜん》としない思いが残った。双方の親に頭を下げて、かなりの部分を援助してもらった。私は彼の親にお礼を申し上げたのに、彼は当然のような顔をして、私の親に礼を言わないのは、や

――りきれない思いがした。

夫婦間の認識の違い

ここまででもどれほど両者の認識が違うか、お気づきでしょうか。

まずは交際期間中。

Aさんにとっては「ささいなけんか」が繰り返されたにすぎません。夜中にBさんの下宿先にまで行って、「復縁してくれないならここで死ぬ」と大声を出したりしたのも、「青春」の一コマ、ちょっと盛り上がった一場面、そんな記憶として残っている程度でしょう。「死ぬ」なんてありえない、別れるのは嫌だという気持ちを強調したにすぎない、と自分では思っています。

しかし、Bさんにとっては夜中周囲の目も気にせず騒がれること、それも「死ぬ」とまで言われるのは、「自分の言うことを聞け、さもなければ一生後悔させるぞ」と脅《おびや》かされているようなもの。自分の意思に反してもその意に沿わなければならないという脅しです。結局別れずに結婚したとしても、怯《おび》えや不安が帳消しになっているわけではありません。むしろ怯えから、関係を断てない場合もあります。なまじ交際期間が長期化すると、惰性もあって結婚に応じてしまうこともあるのです。

一昔前、「成田離婚」という言葉がよく聞かれました。お金も時間もある程度自由で海外旅行慣れした新婦が、新婚旅行中に、海外旅行に慣れていない新郎の言動に嫌気がさして、帰国したとたんに離婚を切り出すといった、バブル女の都市伝説のようなお話です。そのような、女性の「男性には海外でも立派に振る舞ってほしいという勝手な高望み」が原因というケースを私は、知りません。しかし、結婚式や披露宴、新婚旅行の準備にあたり、お互い当然配慮すべき最低限のリスペクトが一方に欠けていて、この先の結婚生活が思いやられ、早々に見切りをつけたいということでのスピード離婚の申し入れというケースは、知っています。

もっとも、「この先が思いやられる」と思っても実際に離婚を決断する人は少ないです。Bさんのように、結婚式・披露宴・新婚旅行いずれについても、自分の希望は聞き入れてもらえず、押し切られ、しかし、負担は「当然のように」等分に、あるいはそれ以上に担《にな》わされ釈然としないまま新婚生活をスタートするケースは案外少なくないのです。

とことん話し合った結果、ほぼすべて自分の希望どおり。その上相手に等分の負担、さらに時間労力的に相手にずっと負担をかけている。そうだとしたら、それは黄信号、いや赤信号かもしれません。「話し合った」といっても、自分の意向に従わせただけではないか、相手は自分の強引さにうんざりしているのではないか。自分ではなく相手が手間暇かけるのが当然と思っていないか、胸に手を当てて考えてみましょう。そして、相手に自分以上の負担をかけているにしてもかけていないにしても、常に感謝し、その気持ちを伝えることが大切です。

そのように自分を省《かえり》みることができないと、第三者に対しても、傲岸不遜《ごうがんふそん》な言動をとってしまいがちです。外と内の顔を巧《たく》みに使い分けている人もいます。しかし、Aさんのように披露宴で自分の挨拶《あいさつ》に陶然として嗚咽までしているのに、新婦やお客様には呆《あき》れられていたら、ぶざまです。業者にクレームをするというのも、相当なものにとどめるならもちろんOKですが、「自分こそ正義」と思いこみ、度を越した罵詈雑言《ばりぞうごん》を放ってしまうモンスターになっていないか、クールダウンして自己を客観視してみましょう。たとえターゲットが業者で自分でなくても、相手にとっても、自分の夫がモンスタークレーマーというのはとても怖いことです。そんな理不尽で過剰な非難の矛先がいつ自分に向かうかわからないのですから。

そして、「にらみつけ、顔面を近づける」、「後ずさりしても壁際にまで追い詰める」「すごむ」といったことは、まさに暴力。「身体的接触がないから暴力でない」と軽視したら大間違いです。このような威嚇は、精神的な暴力にあたります。相手に恐怖心を与え不安を感じさせ、心身の健康を損なわせる言動です。とうてい相手を対等に思い、尊重している態度ではありません。

尊重していますって？　では、友人、いや上司に同じことができるでしょうか？　できないけれども、身内と他人は別…？　そもそも、DVは親密な関係の中で生じる暴力です（DV〈ドメスティック・バイオレンス〉については、次章で詳しく説明します）。夫婦やカップルの二人が愛情で結ばれ、対等である関係であるのは理想形ですが、しかし実際には、対等ではなく力関係に非対称性がある関係になっていて、相対的な「弱者」である妻が暴力にさらされてきたことは、さまざまなデータから明らかになっています。

ほぼ一方的に相対的な「強者」が「弱者」に暴力をふるっているのです。「身内だから遠慮がない」のではなく、「身内であるがゆえ、思うままにできると思っている、支配している」、その一環として暴力をふるっているのではないか…。「身内」だから「なんでもあり」ではなく、暴力は身内でもダメ。そのことをしかと肝《きも》に銘《めい》じた上で、我が身を省みてください。

実際の裁判に、こういうものがあります。夫は、学生時代に同棲した女性に対して殴ったり蹴ったりしたと言いながら、妻に対しては「お前には手を出さないでおこうと思う」などと言って身体的暴力をふるいませんでした。けれども夫は妻に何かと命令し、言葉により妻を支配しようとしました。その結果、妻は夫に逆らえば暴力を受けるかもしれないと恐れ、できるだけ逆らわないよう神経を集中してきたと認定され、妻からの離婚請求が認められています。[1] たとえ身体的暴力を伴わない威嚇でも、結婚を続けられなくする暴力となりうるのです。

妻から見たら　その2　**仕事・家事編**

自分では妻の仕事にもそれなり理解してきたつもりだし、家事もできるだけ協力してきたつもりのAさん。

ところが、子どもが生まれる前後から、妻のBさんは、仕事についてもまったく理解してもらえていないし、家事にも協力してもらえないどころか小うるさく批判されてばかりで疲れ切っていました。

結婚当初、共稼ぎだった。私も働いているのに、家事はほぼ100%、私。夫が帰宅したとき、洗濯物が畳《たた》んでいないだけで、しばらく嫌味を言われる。「自分の分くらい、自分で畳んでよ」と一、二度言ったことがあるが、そのあと、一晩中「自分(夫)がいかに社会的な意義のある仕事をしていて、いかにお前(私)がどうでもいい仕事をしているか、『協力し合う』ってことは、お気軽な仕事をしているお前(私)が家事を担うってことではないか」ということを責めたてられてたまらなかった経験が二、三回あるので、ほとほと疲れ果ててもう何も言わない。私が料理をしても、「いただきます」「ごちそうさま」も言わず、新聞を読みながら食べ、時々「これ辛すぎる」「味付けが薄すぎ」とケチをつけるだけ。掃除も私だけがしているのに、「ありがとう」も言わず、ちょっとした綿ぼこりを見つけると、嫌味たらたら。「自分がしなさいよ」という一言をぐっとこらえる。どうせまた長時間の「お説教」が始まると思うと、黙って綿ぼこりを拾ったほうが早いからだ。

一方で、夫がゴミを捨てに行こうもんなら、「捨てに行ったよ」を繰り返すのでうっとうしい。「ありがとう」「とても助かった」とほめたたえる必要がある。

大学卒業後、私は小さな出版社だが、人文社会科学系の専門書の出版で知られるところに就職できた。研究者たちと打ち合わせを重ね、学術書を出す仕事はやりがいがあり、天職だと思った。しかし、夫はこの仕事をリスペクトしてくれない。「お前の担当している本、初刷何部？　そんな少ないの？　自費出版じゃねーの？　給料分稼いでんのか、給料泥棒か」、「大体そんな小難しいもの、浮世離れした先生方しか読まないんじゃないか？　紙の無駄だろ（笑）」など。そう言って私を傷つけたいとしか思えない。話してもわからない人だから、私は聞き流すだけ。

ずっと仕事を続けたかったが、結婚して1年ちょっとしたら、妊娠に気がついた。それから延々と夫が「話し合い」と称して夜中まで「仕事を辞めろ」と言い続けるようになった。「天職」と思っていようと、育児をおろそかにしていいのか、と。「だったら、あなたのほうこそ大手なんだから育休も時短も取れるでしょう」としばらく頑張った。こんな彼に経済的に依存することになったら、私の自由は一切なくなる、そんな予感もあった。それなのに、根負けしてしまった。毎晩うるさく言われるのをやめてもらうために…。睡眠不足はお腹の中にいる子どもの成長に良くないと言っても、まったく彼は聞く耳を持たなかった。夫の言うことを聞けば、夜静かに眠れる。そして、子どもが生まれたら、彼も父親として自覚し、落ち着いてくれるかもしれない、という期待もあった。

しかし、私が自分のお金で日々の買い物をしていたときは何も言わなかった夫は、私が退職するや、途端《とたん》に細々とレシートを出せなどとチェックするようになった。

切迫早産になって、二週間入院。原因はわからないということだったが、夫との生活のストレスが影響したのではないかと思う。夫は、「だからもっと早く仕事を辞めろと言ったんだ」と勝ち誇るかのように言っていたけれど。病院には毎日来て、看護師さんたちに「妻想いの夫」ぶりをアピール。でも、入退院のときこそ同行して荷物を持ってほしいと頼んでも、「無理」と一蹴《いっしゅう》され、支払いもしてくれない。実家に頼んで工面《くめん》するほかなかった。パジャマや歯ブラシなどの入院用の諸々のものも含め、「家計から出してほしい」と頼んだ際に夫がどんな嫌みを言ってくるかと思うと、面倒くさくて、自分の貯金から支払った。入院中に限らず、美容院に行ったりするのも、自分の貯金から支払った。そのほうが、気が楽だから。

ちょっとした日用品の購入でも、レシートをチェックしケチケチうるさいくせに、「これからサーフィンを始めたい」「釣りを始めたい」と言い出しては、頻繁《ひんぱん》に高いグッズを買い、すぐに飽きてしまう。そんな思いつきの買い物のため、クレジット引き落としが2ケタ以上になって、あ然とすることもある。

一番ショックを受けたのは、私に相談もなく、マンションの購入を決めてしまったことだ。夫が長男を行かせたい私立小学校の近くで、夫の実家に近い、マンション。まだ合格するかもわかっていないのに。だいたい、私学なんて家計からして無理。それにこんな価格のマンション、どう考えてもうちには分不相応。見に行ったら、高い割には安っぽい内装で、こんなところ好きになれない。夫の実家が近いのも、干渉が強まりそうで、内心ぞっとした。高い買い物だし、彼はともかく専業主婦の私は生活のほとんどの時間を過ごすことになるのだから、事前に相談してくれてもいいのではないか。夫が怒り出すかもしれないと怖かったが、あまりのことに不満を口に出さずにはいられなかった。案の定、途端に不機嫌になり、「俺の金をどう使おうと、俺の勝手だ。住みたくないなら、お前だけ実家に戻れ」と怒鳴《どな》られた。あとで知ったが、同期が同じマンションを購入したらしい。張り合いたい一心で、よく考えずに購入したのだろう。

「俺の金」と威張《いば》るくせに、何かと「お前の退職金残っているんだろう」「お前の実家に援助頼めよ」と私の側の資金をあてにする。首を縦にふらなかったら、今度は、「パートへ行け」と言い出す。自分のものくらい自分で買え、子どもの教育費くらい分担しろ…。そんなことを言い出すなら、私がやりがいのある仕事を泣く泣く辞めるよう仕向けたことをせめて反省してほしい。私に仕事を辞めろと言ってキャリアを中断させながら、パートでもしろと、よく平気で言えるものだ。
　何かやりがいのあることをしたい。少しは社会の役に立つことをしたい。そう思っていたら、長女の小学校のPTAの役員のなり手がいなくて困っていると聞いて、引き受けた。女子会みたいで、楽しい。ほとんどメールで済ませているが、時には会合もある。夫は、いい顔をしない。「そんな一円にもならないことに時間を使って、優雅だな。こっちは仕事で大変だっていうのに」などと言い、会合があるから早く帰ってきてほしいと頼んでも、そんな会合そもそも行くな、で終わり。PTA主催のイベントが土曜日にあるときなど、自分が何かしたかったと突然言い出して、キレまくる。

経済的DV

　さて、仕事やPTAなど対外的な活動、家事などについて、AさんとBさんの認識には大きな違いがありますね。Aさんは、自分の仕事がBさんの仕事より優先されるのが当たり前、家事はBさんが担《にな》うのが当たり前と思っています。その上、感謝もないし、お詫《わ》びの一言もありません。自分の意向で仕事を辞めさせたくせに、お金の面ではケチケチ、ねちねちもしています。

細かく検討していきましょう。


共稼ぎのときですら、Aさんは家事はBさんがして当然と考えていて、少しでも不十分なところがあると、お小言を言ってしまいます。自分も家事の担い手だと思っていたら、不十分なところを見つければ自分ですればいいだけ。そして、まずは、疲れ切っているのにやってくれた妻に、感謝を示すべきです。「オレは仕事、お前は仕事と家事」、それは自分には都合のいいことですが、妻には過剰な負担です。その点にまず気づくべきでしょう。そして、妻から「自分でして」と言われたら、ムッとするなんてもってのほか。自分が気づくのが遅くて悪かった、指摘してくれてありがとう、そんな気持ちになってほしいものです。

「オレは仕事、お前は仕事と家事」と思ってしまうのは、自分の仕事のほうが社会的に意義があると自負する反面、妻の仕事を見下していたり、「家事は女の役割」という思い込みを抱いているからではないでしょうか。妻がやりがいを感じている仕事を小ばかにしてはいないでしょうか。少なくとも妻はそう受け止めるのではないか、よく考えてみてください。

あるいは、「家事は女の役割」と言ってもいいではないか、うちだけではなく、他の家庭でもそうやっているではないか、家事に生きがいを見出す女だっているではないか、と言い返したくもなるかもしれません。しかし、公平に家事を分担する他の家庭もあるのに、そちらを真似しない。自分に「都合のよい」他の家庭だけ念頭においていないか、胸に手を当てて考えてみてください。家事に生きがいを見出す女性がいるとしても、だからといって、妻にもそうであれ、と押しつけてはいけません。もし、あなたが「やりがいを感じている主夫もいるから家事をやれ」と言われたらどうでしょうか。

「話し合い」と称して、夜中まで、「意見が一致」するまで、すなわち自分が根負けして夫の意に沿うようになるまで、寝かせてもらえない、と訴える妻に何人も会ってきました。夜中眠いところを、平行線では許されない、寝かしてもらえないなんて、拷問《ごうもん》のようなもので、とうてい「話し合い」とは言えないでしょう。体力がないほうが折れるしかなくなります。それを知っていて寝かせないとしか思えません。

やりがいのある仕事は辞めさせておいて、妻が賛成してもいない私学への学費や、妻に相談してもいない（！）不動産のローンの負担のために、妻に、それも自分に家事育児の負担がこないような「パート」に行くように言うなんて、これもまた、妻の気持ちに何ら配慮していない証拠です。

ＰＴＡの役員になった妻がそれなりにやりがいを見出しても、妻を馬鹿にする。妻のすることなすこと、小ばかにする癖がついているかのような夫の態度に、妻は「尊重されている」とは思えないでしょう。自分は仕事で日々遅いのが当たり前なのに、妻がたまに会合があるので時間を調整してほしいと頼んでくれば、協力するどころかキレる。自分が遅くなるときは「晩メシいらない」と一言だけ携帯メールを送り、どんな用事で何時に帰るのかも説明しない夫が、妻が帰宅が遅くなるときには、用件の内容、帰宅時間などを丁寧《ていねい》に説明させた上、許可したりしなかったりする。そんな夫に妻が内心不満を抱くことも、たくさん見聞きしてきました。こうしたひとつひとつのことから、溝《みぞ》は深まっていきます。

実際、妻がＰＴＡの役員などを引き受け、外出することも少なくなかったことに、不快を感じ、妻が家事をおろそかにすると言って不満を訴えた夫がいました。その他の事情もあいまって、夫婦の間の溝が次第に深まったとして、夫婦双方からの離婚請求を認めた判決があります。[2]

仕事を辞めさせておきながら、細々とレシートをチェックして支出を小うるさく追及する、必要なお金を渡さない、という夫もいます。それらの言動は、経済的ＤＶと言われています。

「経済的DV？　身体を傷つけるDVより被害が軽いのでは」と思われるかもしれません。Bさんのように何とかご実家の援助を受けられたり、共稼ぎ時代の自分の貯金もあれば、多少は余裕があるかもしれません。しかし、何をなすにも、金銭は必要。金銭をコントロールされると、身動きが取れなくなってしまいます。夫に経済的に依存していればいるほど、夫の気分次第でお金を渡してもらえないかもしれないという恐怖は大変なものです。

夫からお金をもらう際に、「犬のように四つん這いになって部屋を歩き回って『ご主人様』と言え」と言われ、言うとおりにせざるを得なかった妻もいます。床にわざわざ紙幣や小銭をばらまき、それを拾ってみろ、と妻に言い放った夫もいます。自己の優越を示したいのでしょうが、夫自身がどこか壊れてしまったような行為です。あまりに愚かな行為でも、従わざるを得ない人にとっては屈辱であり、深い精神的傷を残します。

もちろん、家計には限りがあり、お互い支出に気をつけなければいけないところはあるでしょう。でもそれはお互い様。妻と相談することもなく、同期との競争心で、無理して不動産を買ってしまう。妻の日常的な買い物には異様に細かくチェックするのに、自分のほうは生活必需品でもない趣味のものにふんだんにお金を遣う。妻の言葉に耳を傾けることもなく子どもを私学に行かせてしまう。これらの点にも「オレ様が中心、オレ様が殿様、お前は言うことを聞けばよい」というエラそうな態度が現われているのではないでしょうか。

第三者には「いい夫」ぶろうとしても、妻にはその演技もばれています。Bさんが入院中、毎日Aさんは来ましたが、入退院時に荷物を持ってほしいのにそれはしてくれない。退院時は入院費を支払うタイミングだったから、来なかったのだろう。とことん、ケチな人。

そう、妻は気づいています。

妻から見たら　その３　育児編

イクメンと自負。子どもネタはフェイスブックやツイッターの定番のネタです。スキーや海や東京ディズニーランドなどに、子どもを連れて何度も出かけている。子どものためを思って多少無理してでもお受験もさせる。子どもに「なつかれている」という自己認識のAさん。

ところが、Bさんにとっては、必要なことには手助けしてくれず、子どもにとっていいことなのか首をひねるようなことには妙なこだわりがあるとしか思えず、育児の面でもAさんに振り回されてきた。子どもたちも困っている。いや、困惑を通り越して、怖がっている。

Bさんから見たら——。

子どもたちを優先しなければならないことを、夫はまるでわかっていない。乳幼児のときは特におむつ、授乳、入浴の繰り返し、その合間に家事をしているから、食事も手の込んだものは作りようがないし、掃除だって何だって手抜きになってしまった。へとへとになっている私に、夫はいっそう嫌味を言うようになった。そのうちに、平手打ちされた。さらにエスカレートして、拳骨で殴られたり、髪の毛を引っ張られたりするようにもなった。

ごめんなさいごめんなさいと土下座して謝って、ようやく夫の怒りを鎮《しず》める。そんな繰り返しを経て、私は夫には諦めと恐怖心しか感じられなくなってしまった。もう、ずいぶん前から言い返すこともない。だから、以前よりは暴力の頻度は減った。それでも、ささいなことで怒り出すので、毎日冷や冷やしている。

夫は長女よりも長男に執着している。自分のブログ（育児をほとんどしないのに、「イクメン○○パパの日記」というタイトルを堂々とつけているのが苦々しい）に、長男のことばかり書いている。私に相談もなく、勝手に家族の写真も載せている。夫が怒りまくった後、ご機嫌をよくするためについていった彼の実家で息子が顔をこわばらせている写真。「じいじの家で超ゴキゲン」との説明文を付けてアップしている。彼には子どもの表情の意味がわからないのだ。

息子に執着するのは、下の子だから、というだけではない。夫は、男だから、跡取りだから、といったことを平気で口にする。いまどき、「跡取り」も何もないだろうに…。それに、あからさまな男女差別だ。長女に「女だから劣っている」という劣等感や、長男に「男だから、優《まさ》っている」という優越感を抱いてほしくない。夫がいないときには、「女だから、男だから、ってことは関係ないよね」と話をするようにしてきた。でも、この前長男を叱《しか》ったら、「女のくせに！」と言われた。どっと悲しくなる。

私が家計からして無理だといっても、夫は子どもたちを私立小学校へ行かせようとする。同僚たちの子どもが私学に行っていることを意識しているようだ。子どもたちは近所の幼稚園の子どもたちと一緒に公立小学校へ行きたがっているのに、聞く耳を持たない。「あんなところへ行くと不良になる」とか、ひどい決めつけをしている。でも、私が意見を言っても、「お前は子どもの将来を何も考えていない」と一蹴《いっしゅう》されるだけ。そして、いやがる子どもをお受験の塾に通わせるのは私の役目。目まぐるしくて、自分の時間がない。

お受験塾のテストの結果が悪いと、これまた夫が酷《ひど》くキレる。子どもたちはテストの結果を見られたくなくて、こっそり捨てたりするようになってしまった。長男のお受験にかける情熱は長女のとき以上で、長男はどんどんストレスがたまっているようだ。赤ちゃんのときはおだやかに笑っている子だったのに、何かとキレやすい。無理させているとしか思えない。

冬のスキーや夏の海、ディズニーランドなど、こちらの都合を聞かずに彼が決めてしまう。「その日は10年ぶりの高校のクラス会と伝えたはず」と言っても、「もう予約したんだから。仕方ないだろ」で終わり。出かけるときの準備は、すべて私がしなければならない。荷物を持つのも私。自分は出かける直前まで寝ている。旅行先でも、夫は子どものことを構わない。ビュッフェでも一人でどんどんよそって食べてしまう。大浴場にも一人で入ってしまう。子ども二人の世話で食べる時間やゆっくり入浴する時間がない私のことを思って、「自分が子どもを見てあげなければ」といった気が回らない人だ。もうとっくに諦めている。

子どもたちも、夫の感情の起伏《きふく》が激しいことをとうにわかっていて、家族で出かけているとき、ご機嫌をうかがい、楽しそうに振る舞っている。しかし、ちょっとでもぐずったりしたら、夫にどやされる。高速道路で子どもが飽きてうるさくしたら、夫は激怒して異様にスピードを上げて、子どもを怖がらせて黙らせた。一般道路で急ブレーキをかけて、後部座席にいた私と子どもたちが前部の座席の背もたれにぶち当たるのを見て、愉快《ゆかい》そうに笑ったこともある。

腹を立てて突如停車した夫から、子どもと私は強引に車から引きずり下ろされたこともある。取り残された私たちは、財布もなくてタクシーにも乗れず、2キロメートルほどの道のりを歩くほかなかった。へとへとになって帰ると、夫は鍵をかけるだけでなく、チェーンまでかけていた。交番に相談して、警察官に来てもらい、警察官から説得してもらって、ようやく中に入ることができた。

やたらと勉強に子どもを追いまくる一方、思いついたようにホームパーティを企画したり、バーベキューパーティをしたりもする。準備をするのも後片付けもするのは私で、夫は手伝ってもくれない。夫は、パーティの最中、家族だけでいるよりはご機嫌が続くが、突然キレることもある。前回のホームパーティでは、お客様たちが帰った後、何かイライラしていると思ったら、他のうちの子どもが、長女より偏差値が高い小学校に行っているのを知って腹が立ったらしい。そういう物差しで子どもを評価するってどうかと思う。長女の前で、長男に平気で「A小（長女が通う小学校）よりいいところへ行け」などと言うのは、止めてほしい。それを口にすると、私に背を向けて、「お母さんがあんなふうだから、お姉ちゃんはたいしたところに行けなかった」などと、ますますひどいことを言う。本当に「残念な人」だ。

本当に子どものためになっているか

子どもは特に小さいうちは何かと手がかかるもの。夫婦揃《そろ》って協力し合って子育てしたいものです。子どもの面倒がまず優先、ほかの家事は手が抜けるなら手を抜くのは当然のことです。

ところが、Aさんのように、そのことが全然わかっていない人がいます。子どもがいないときと同水準の家事を要求したり、中には「赤ちゃん返り」のように、「自分にももっと構《かま》ってくれ！」とぎゃんぎゃん騒ぐ困った人もいます。

自分の思いどおりにならないからといって平手打ち、拳骨で殴る、髪の毛を引っ張るなんてもってのほかです。まさに身体的暴力は、どんな理由があっても許されることではありません。土下座して謝る妻こそ、自分の非を認めているのだろうとAさんは思っています。しかし、土下座なんて、対等のパートナー同士ですることでしょうか。暴力をやめてほしいから、へりくだって、謝っているポーズを強調しているのです。謝罪でも、愛情や尊敬でもなく、ただ怒りを鎮めてほしいと怯えながら、卑屈《ひくつ》に恭順《きょうじゅん》の気持ちを示したポーズなのです。一方が他方にそのような卑屈な態度をとらなければならないなんて、あまりに寒々とした関係ですね。

しばらく前は暴力もあったが、今はあまりない。最近では妻から言い返されることも少なく、怒らなくてすむようになった…。だからといって、信頼や愛情が回復したとは限りません。むしろ、Bさんのように、諦めと恐怖心しか感じられなくなって、意見を言うことを控えているだけかもしれません。

一度でもふるわれた身体的暴力のショックと恐怖はそうは簡単に消えません。夫にとっては、ずいぶん前の出来事であっても、身体的暴力は妻にとってはまだ生々しいものです。夫にとっては「平穏」そのものの日常生活が、妻にとっては、いつなんどきキレられるかわからないと冷や冷やしながら暮らす、緊張を強いられる毎日でありうるのです。

離婚の調停や訴訟中に、「育児をしてきた」という証拠として、子どもの写真をたくさん載せたブログやSNSのコピーが提出されることがあります。それらの「証拠」とともに、「父子の写真はいっぱいある。でも母子の写真はない。だから父子のほうがつながりが深い」と主張されることもあります。でも、家事・育児に忙しければ、むしろこまめにブログやSNSをアップすることは難しいものです。

さらに、ブログやSNSは多少の「自己演出」、たとえば「イクメンと思われたい自分」のふりをすることなど、造作もないことです。また、「非日常」だからこそ父子の写真が撮影されていたりもします。そもそも、撮影しているのは母。母のほうは始終一緒だからこそ子どもとの写真をあえて撮ろうとしないこともあれば、父が怖くて、自分と子どもの写真を撮影してくれなんてそう簡単に頼めないから、頼まない場合もあるでしょう。

なぜか兄弟姉妹、上下、性別でえこひいきしたり、こき下ろしたりする親もいます。そうしたことは、子どもの心に深い傷を与えることで、心理的虐待（児童虐待防止法2条4号）と言えます。複数の子どもがいるのにブログやSNSに一人の子どものことだけ載せているといったことも見聞きしますが、その思い入れの偏《かたよ》り方は、ほほえましいというよりも、異様と感じるのは、私だけではないでしょう。

親も人間ですから、子どもと多少の相性はあるでしょう。それでも、親として子どもたちに平等に愛情をかけるよう努める、そうありたいものですよね。

「男だから」「跡取りだから」といったことを意識して扱いを別にするなんて、相性を通り越して、差別であり、とんでもないことです。そのような差別感は、子どもにも受け継がれてしまいがちです。差別的扱いをされると、だんだん優越感にひたったり、劣等感を抱いたり、どちらにしても、人間性をむしばまれてしまいます。子ども同士が妙に対立したり、反目し合ったりもしてしまいかねません。教育上とてもよくないことですが、なぜこんなことをするのでしょう。子ども同士、あるいは妻と子どもたちが一致団結できないようにして、家族に対する支配を維持しようとしているのではないか、という指摘があります。[3] どんな理由があれ、えこひいきするのは決して望ましくないことです。やめるように努力したいものです。

また、同僚が行かせているから、といった競争心で、家計や子どもの性格を考えず、「どうしても私学」と決めてしまい子どもに押しつけるのも、子どものためにはなりません。むしろ、塾の結果が悪いとキレたりしているのなら、子どもには相当なストレスとなっていないでしょうか。教育熱心すぎる親が子どもを追い詰めることを「教育虐待」として問題視する報道を、目にすることがあります。法律的な概念としては、心理的虐待（児童虐待防止法

2条4号）に含まれることになります。「お前のためを思っているんだ」と言いながら子どもの自尊心を打ち砕き、心身の健康を損《そこ》なっていないか…。無理な教育を強《し》いることが本当に子どものためになっているのかどうかは、家計上無理がないかといったお金のこと以上に再考すべきポイントです。

家族サービスの外出、旅行や、ホームパーティなどもしかりです。家族にとって本当に楽しいことなのか、自分が「家族ならこういうことをするものだ」と振り回していないか、ふと立ち止まって考えてみましょう。また、旅行の際、食事や入浴にあたり、一人先に食べたりお風呂につかったりなんてとんでもないことです。妻も楽しめているかを配慮しているでしょうか。そうかな、と旅行の写真を見返してみると、みな笑顔。しかし、「笑顔だから楽しかったはずだ」と安心しないでください。無理に笑顔を作っているときもあるかもしれません。また、写真を撮られた瞬間は確かに楽しかったけれど、その前後は怯えていたり我慢していたりしたかもしれません。

厳しいコメントを続けますが、「子どもが自分になついている」というのも、本当なのでしょうか。キレやすい親とわかっていて、そのご機嫌をうかがい、怒らせないように注意している、ということかもしれないのです。

「注意」「しつけ」といってても、度を越していなかったでしょうか。どやす。異様に高速で走る。急ブレーキをかけて、背もたれに妻子がぶち当たるようにする。妻子を車から引きずり下ろしたり、家から閉め出す。すべてに、「ぐずった」「うるさくした」「言うことを聞かなかった」など、一応の理由があるかもしれません。しかし、理由があってもとうてい正当化できません。それらの行為は、子どもの身の安全すら脅かす、心理的・身体的虐待です。

子どもをありのまま受けとめいつくしむのではなく、成績や合格した学校のランキングで優劣を決めてしまうなんてことも、「残念な人」と思われてしかたないですね。もちろん、親も人間ですから、つまらない世間の価値観に影響されもします。しかし、ガミガミ言いそうになったらクールダウンして、「子どものためより、世間体を考えたつまらない物差しで言ってないか？」と自分に問いかけたいものです。夫や妻がそれおかしくない？　と言ってくれたら、「そういう考えもあるか」と立ち止まれるチャンスです。カチン！　としないようにしたいですね。

妻から見たら　その４　別居を決意するまで

Ａさんにとっては、別居は青天の霹靂という出来事でした。でも、Ｂさんにとっては、Ａ

さんが「思ってもみなかった」というほうが驚きです。むしろ、さんざん「出て行け」と言ってきたAさんの思いどおりにしてあげた、とすら思っています。Aさんが家族をつなぎとめたければ、いくらでもそのチャンスはあった。辛抱強く耐えてきた。家庭を壊したのは、自分ではなくAさんだ、とBさんは思っています。

別居を決意するまでのBさんから見たさまざまな出来事を取り上げてみましょう。

夫との性交も、いつからか私には「義務」でしかない。早く終わってほしい、ただそれだけ。夫も、愛情をかけた行為というよりは、ただ自分の性欲を処理するだけという感じ。長女が生まれたことを機《き》に、長女と添い寝をする名目で、夫と別の寝室になることができたが、夫は自分がセックスをしたいとなると、ノックもせずに入って来て、一言も言わずに私のパジャマのズボンと下着をおろし、無言で事《こと》を済ませる。惨《みじ》めな気持ちでいっぱいになった。私の気持ちなど一切お構いなし。その上、子どもが気がついても気にせず、止《や》めてくれないのが、ほとほとうんざり。

ホームパーティなどで、私のことをけなすのも、彼が好きなネタ。たいがいのことはもう慣れて気にしないようにしている。でも、性的なことでけなされるのはぞっとして、慣れることはない。「こいつはマグロだ」とか、「こいつのあそこはへんな形なんだ」とか。その場が凍り付くことを、彼はわからないのだろうか。同僚の一人が夫に調子を合わせて、「うちのこいつもマグロだよ」と言ったが、奥さんがきっとにらみつけていた。

私はそんなことすらできない。そんなことをしたら皆が帰宅した後、どんなことをされるかと思うと、無表情にしているのが精いっぱいだ。

私が実家へ行くことには嫌な顔をするけれども、自分の実家には頻繁に私たちを連れて行く。夫は夫の両親に私の家事がなっていないと言い、それを鵜呑《うの》みにする夫の両親からは小言《こごと》ばかり言われる。私の子どもに対する声かけや服選び…。ありとあらゆることが夫の両親に気に入られず、細々と叱責《しっせき》される。夫は止めてくれるどころか、一緒になって私をけなす。私の両親が気遣《きづか》って買ってくれたひな人形や五月人形も、「あんな安物、買う人もいるなんてね」などと馬鹿にされた。

マンションに引っ越してから、夫の両親が突然訪れることもしばしばある。なんと夫は私に断わりもなく鍵まで渡したようだ。夫の両親は、私がいようといまいと合い鍵を使って入ってきては、掃除が足りないとか、私が作ったものがまずいとか、いろいろなことを言う。ひとつひとつはささいなことで、気にしないようにしている。でも、どんどん気が重くなっていく。

予想したとおり、家計的に、お受験をしての私立小学校進学は無理があった。住宅ローンも重荷。家計が火の車になり、夫の嫌味もどんどん辛辣《しんらつ》になってくる。嫌味では飽き足らなくなると、数週間無視されることもある。話しかけても目を合わせてもらえないことが続くと、気持ちが鉛《なまり》のようになる。自分よりずっと年下の「先輩」に叱られながらレジ打ちをしてへとへとになった休憩時間、鏡を見たら、疲れ切って陰気な中年女がそこに映っていた。私はこうやって怯え、疲れ切って、老いていくのかと愕然《がくぜん》とした。

子どもたちが成長するまでは、両親揃っていたほうがいいと思って、我慢してきた。でも、それまでおだやかにお喋《しゃべ》りしていた長女と長男が、「お父さんが早く帰って来るらしい」と伝えると、怯えて暗い表情になったり、いらいらして喧嘩《けんか》を始めたり、夫が帰ってきた足音で体を緊張させ、夫の前でこわばった笑顔をつくっていたりするのに気づき、両親揃っていたほうがいいのだろうか、と疑問を持つようになった。

お受験の塾の結果が良くなかった長男の両肩をつかんで夫が揺さぶり、長男が大泣きしたとき、止めに入ったら、「お前のしつけがなってないからこんなままなんだ！　親失格だ！」と突き飛ばされた。長女も怖がりつつも、私をかばおうとするかのようにかたわらに寄り添ってくれた。その様子も気に入らない夫は、「長男も長女と同じレベルの学校にしか行けなくなるぞ」「離婚だ、離婚だ！」と怒鳴った。長女も大泣き。そのとき、私は、本当にこの人とはやっていけないと、離婚を決意した。今まで、何かと「離婚だ」「出て行け」「こんな子いらん」と怒鳴っていた夫も、望むところだろう。

性的強要もＤＶ

ここまでの記述で、夫婦の間のずれがいかに大きいかがわかってくださったことと思います。

まず、セックスについて。セックスは夫婦にとって愛情を確認し合える行為のひとつのはずです。それが、「義務」や「処理のための道具」扱いされているとまで感じてしまうのなら、苦痛でしかありません。

愛撫も何もなく、無言で事を済ませるなんて、ＡさんはＢさんをあたかも性欲を処理する道具として扱っているようです。Ｂさんが惨めに思うのも当然です。なお、夫が妻の意思を無視して性交渉を強要したと認定されたケースで、妻の離婚請求が認容されています。[4] ただ、夫婦間の性交で、真意はどうだったかということの立証は難しいものです。むしろ、夫側から「性交は頻繁にあり、婚姻関係は破綻《はたん》していなかった」と主張され、両者が平行線をたどったままで、その点の認定はうやむや、ということも多いように思います。

しかし、嫌がっているのに性行為を強要するといった性的な暴力も、DVの一類型です。内閣府の平成26年度「男女間における暴力に関する調査」によると、「嫌がっているのに性的な行為を強要する」が「どんな場合でも暴力にあたると思う」と回答した人は、全体の77・1%。この数字からは、夫婦間でも性的行為の強要は暴力にあたるとの認識が広まったように見えます。しかし、私のところにいらっしゃる相談者のお話をうかがっていると、「殴る、蹴る」といった身体的暴力はDVとわかっていても、「夫婦である以上、セックスを拒否できない」と思いこんでいて、黙って耐えていた、それがDVとは知らなかった、という人はまだまだ多いように思います。夫婦間のセックスもお互いの愛情表現のひとつであり、相手の意思を尊重すべきである、そんな基本を確認したいですね。

それから、日本では、口下手で照れ屋な夫婦間で多少相手をこきおろすのも、ある種の愛情あるコミュニケーション、と大目に見られるところがあるかもしれません。しかし、それも程度問題。そして、照れはあっても愛情が根底にあると感じられる表現ならともかく、悪意ある侮蔑《ぶべつ》はいけません。特に性器など性的な面での侮蔑は、とても人を傷つけます。ユーモアのセンスのかけらもあるはずがなく、周囲もぞっとします。たとえ、何も抗議されないとしても、もうすでに妻は絶望していて、あるいは夫を怖れているから言えないだけなのかもしれない。周囲もあまりのことにフリーズして反応ができなかったのかもしれません。

夫（妻）の両親との関係が悪化し、それを夫（妻）が調整するどころか加勢し、孤立無援になってしまう、といった相談もよく受けます。両親との関係が悪化しても、夫（妻）が自分の両親をいさめ、配偶者を守ろうとしてくれるなら、救われるものです。年老いた両親を大切にするのはそれはそれとして、配偶者をけなしたりすることまで容認してはいけないですよね。妻の母が、夫に対し、「あなたは挨拶《あいさつ》ができない、ここから落ちて死んでしまえばいい、ばかだったら死ぬわけはないけれど」という発言をしたことを認定したものの、まだ幼い子どもたち（7歳と4歳）がおり、その子どもたちの養育に夫の協力が不可欠などの理由から、夫の離婚請求を斥《しりぞ》けた事例があります。[5]

この判決はかろうじて離婚請求を認めなかったものの、婚姻関係の修復は容易ではないとしており、幼少の子どもの存在を重視したぎりぎりの判断だったとも思われます。家庭を大切にしたいなら、こんな事態にならないうちに、手を打ったほうがいいでしょう。

また、自分の両親にばかり会いに行ったり、そばに自宅不動産を買ってしまったりする一方、相手の実家は疎《うと》んじ、こき下ろすというのは、相手にとって気分のいいことであるはずがありません。子どもも察していて、不快なはずです。

繰り返し嫌味を言う、無視する。これらもとてもうんざりする行為です。うんざりするだけではなく、不安にさせられます。これらも典型的な心理的暴力です。「バカ」「ブス」といったくだらない言葉でも、しつこく言われるとみじめになってくるのです。子どもたちの前でも平気で「こんなバカな母親でかわいそうに、取り換えたいね」「こんなブスなママはいやだよね」と言われた、というケースも何度も聞いています。子どもたちだって嫌な気持ちになります。子どもたちを傷つけることも、わかっていない。悲しいことです。

繰り返し「離婚だ、離婚」「出て行け」と言われた、そのとおりにした、という妻に、夫が「勝手に出て行った、絶対離婚しない」と怒る、ということもよくあります。妻を困らせ、自分の言うことを聞かせるための脅し文句にすぎず、まさか本当に出て行くとは思っていなかった。それなのに本当に妻が主体的に出て行き別れを求めてくる。そんなことは、夫にとっては自分のコントロールに反することを妻がしたことになり、腹立たしいのでしょう。妻を困らせたい、言うことを聞かせたい、できるわけがないと思って「離婚だ」「出て行け」ということも、言葉の暴力＝心理的暴力です。

ＤＶの被害者は、暴力に怯え、不安を抱え、疲れ果て、夫が言うとおり、自分はダメな人間だ…と思いこむようになって、アクションを起こすエネルギーも残っていないことも多いでしょう。それでも、Ｂさんのように、子どもにも大変な悪影響が及んでいると気づき、子どもを守るためにもかろうじて残っていたエネルギーを燃やして、別居や離婚に向けてアクションを起こせたりもするのです。

このような依頼者が自分を取り戻し、自分と子どもにハッピーで安全で安心な生活をスタートできるまで伴走し、離婚を実現するのが、私の仕事です。

ちょっと待ってほしい、離婚なんかしたくない、ですか？

それならどうすればいいか、この章にもヒントは書いてきたつもりです。また、次章以降でもさらに考えてみたいと思います。

第2章

こんなサインに気づけたら

そもそもDVとは

前章で既《すで》に、「それはDVの一類型です」などと書き続けてきましたが、そもそも、DVとは何か、まだ書いていませんでした。

DVは、ドメスティック・バイオレンス（domestic violence）の略語です。直訳すると「家庭内暴力」であり、親から子どもへの虐待、子どもから親への暴力、高齢者虐待なども含まれそうですが、一般的には、「配偶者や恋人など親密な関係にある（あった）者からふるわれる暴力」という意味で使用されています。

暴力の形態としては、殴る、蹴るといった「身体的暴力」のみならず、怒鳴ったり、無視したり、生活費を渡さない、交遊関係を制限・監視するなどの「精神的暴力（生活費を渡さないことなどを「経済的暴力」と分類する場合もあります）」、嫌がっているのに性行為を強要する・避妊に協力しないなどの「性的暴力」があります。どれかひとつの形態の暴力の被害を受けてきた、というよりは、「殴られることもあったし、何カ月も無視されることもあった」など、いくつかの形態の暴力を重ねて受けていることが多いように思います。

身体的暴力による怪我《けが》は目に見えやすいですが、見下す、怒鳴るといった精神的暴力や性的な暴力による痛手はすぐにはわからないかもしれません。しかし、やはり、身体的暴力以

〈図表1〉アンケート調査による被害経験

配偶者（事実婚や別居中の夫婦、元配偶者も含む）から「身体的暴力」「心理的攻撃」「経済的圧迫」「性的強要」のいずれか1つでも受けたことがある。

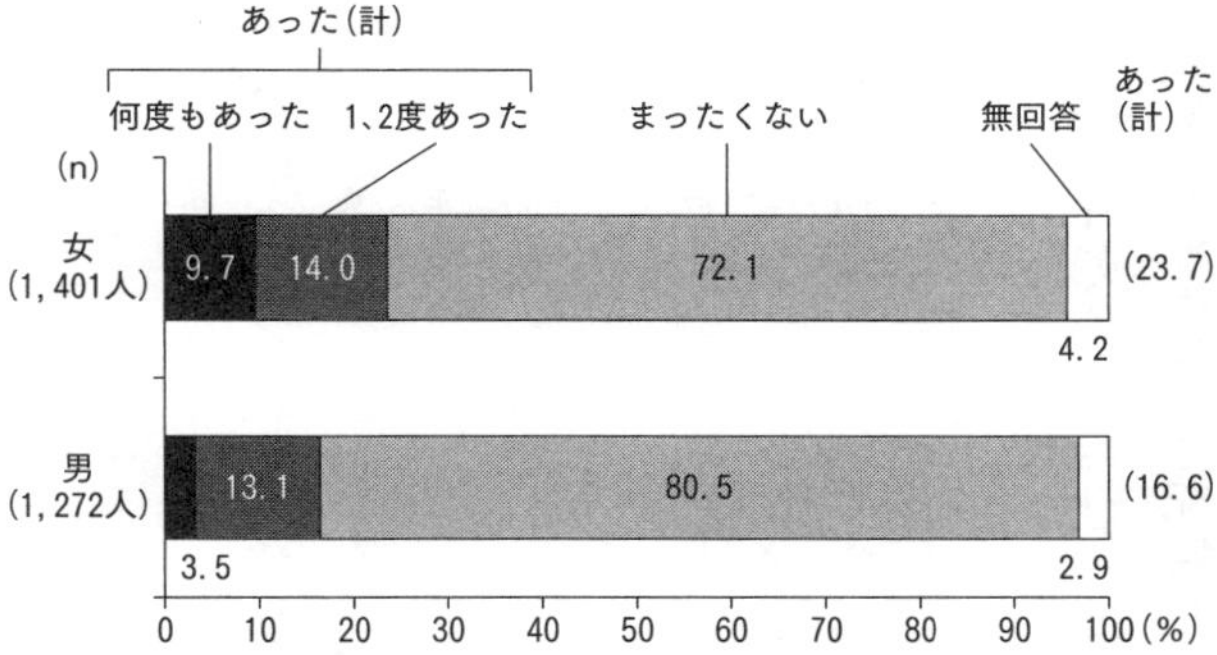

内閣府「男女間における暴力に関する調査」（平成26年度調査）より作成

全国20歳以上の男女5,000人を対象に行った無作為抽出アンケートによります（有効回収数（率）：3,544人（70.9％））。「身体的暴行」「心理的攻撃」「経済的圧迫」「性的強要」はそれぞれ以下のとおりです。

1．身体的暴行：なぐったり、けったり、物を投げつけたり、突き飛ばしたりするなどの身体に対する暴行を受けた。
2．心理的攻撃：人格を否定するような暴言や交友関係や行き先、電話・メールなどを細かく監視したり、長期間無視するなどの精神的な嫌がらせを受けた、あるいは、自分もしくは自分の家族に危害を加えられるのではないかと恐怖を感じるような脅迫を受けた。
3．経済的圧迫：生活費を渡さない、貯金を勝手に使われる、外で働くことを妨害された。
4．性的強要：いやがっているのに性的な行為を強要された、見たくないポルノ映像を見せられた、避妊に協力しない。

外の暴力も、相手の尊厳《そんげん》を害する行為であり、被害者にも子どもにもさまざまな影響を及ぼすものなのです。

ＤＶ防止法1条は、「配偶者からの暴力」を、「配偶者からの身体に対する暴力（身体に対する不法な攻撃であって生命又は身体に危害を及ぼすもの）」又は「これに準ずる心身に有害な影響を及ぼす言動」と定義しています。すなわち、身体的暴力のみならず、精神的暴力、性的暴力をも含むとしています。

なお、ＤＶ防止法は、前述のように「配偶者からの暴力」としており、「夫からの暴力」とは規定されていません。ＤＶ防止法制定の背景には、国際社会で、女性に対するさまざまな暴力（女性性器切除、性的奴隷など）のひとつとして、夫から妻への暴力が問題視され、その防止と被害者の救済に国家が取り組むべきだと指摘されたことがありました。[6] ＤＶ防止法の制定にあたっても、当初は女性に対する暴力への法的対応として検討されましたが、罰則の対象を男性のみとすることは法の下の平等（憲法14条1項）に抵触するといった議論がなされ、性中立的な概念として「配偶者からの暴力」に落ち着いた次第です。

もっとも、ＤＶ防止法前文は、「配偶者からの暴力」の被害者は多くの場合女性であり、経済的自立が困難である女性に対して配偶者が暴力を加えることは、個人の尊厳を害し、男

〈図表2〉配偶者暴力相談支援センターにおける相談件数

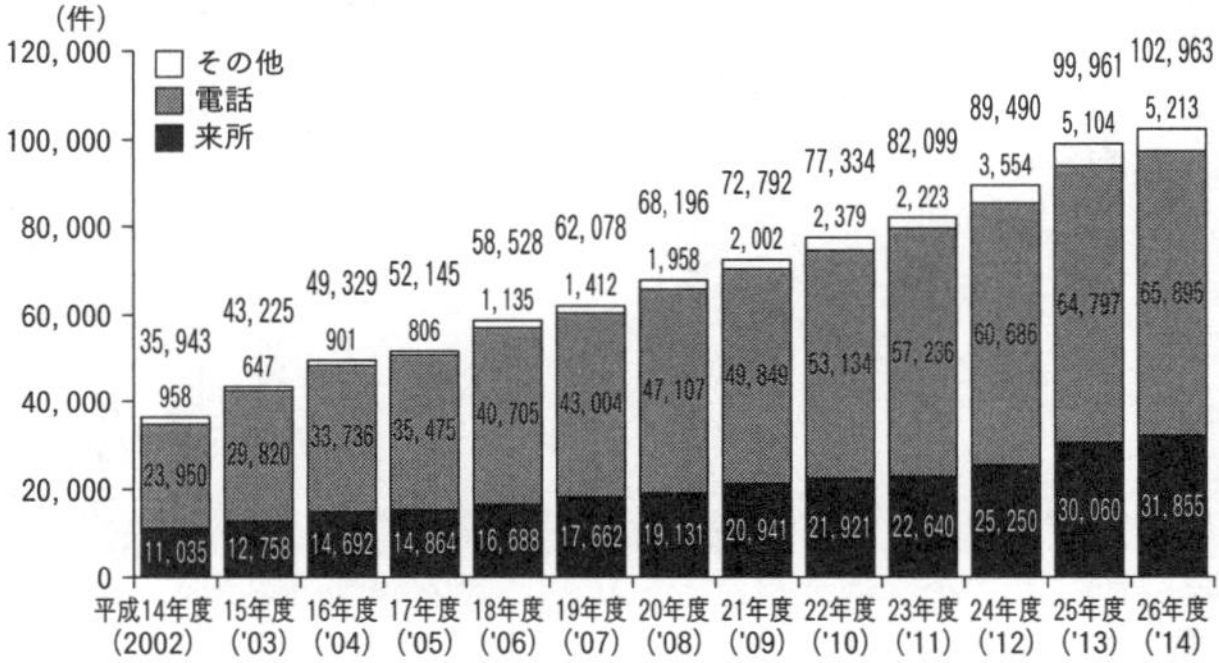

内閣府調べ

配偶者暴力防止法に基づき、都道府県の婦人相談所など適切な施設が、支援センターの機能を果たしています。市町村が設置している支援センターもあります。相談件数は、平成26年4月1日～27年3月31日の間の、全国の支援センター247か所（うち市町村設置の支援センターは74か所）における件数です。

〈図表3〉警察における配偶者からの暴力事案等の認知件数

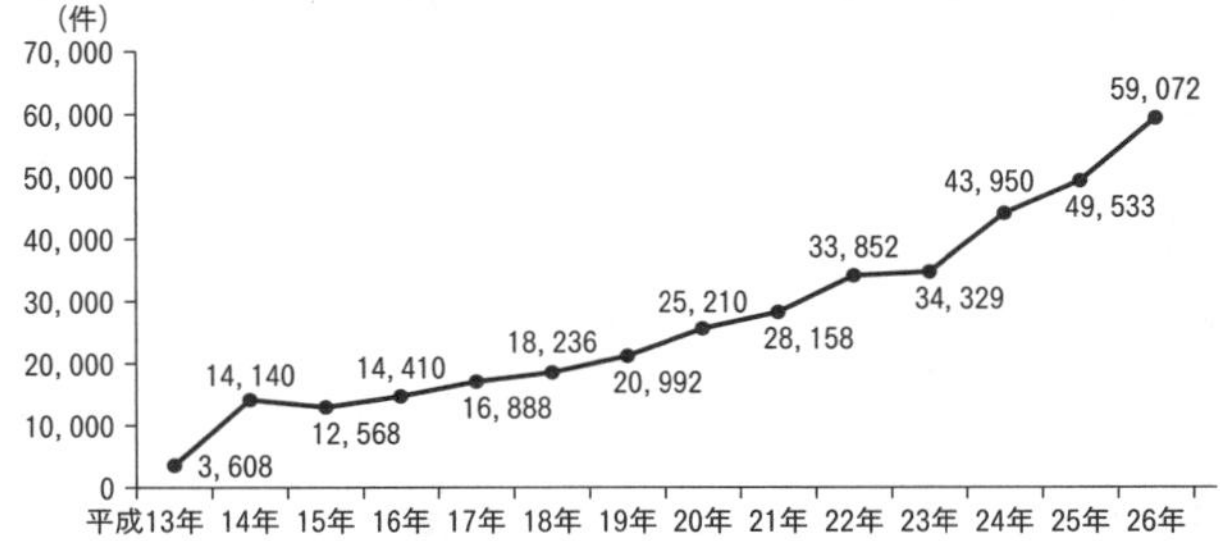

警視庁調べ

認知件数とは、配偶者からの身体に対する暴力又は生命等に対する脅迫を受けた被害者の相談等を受理した件数です。平成26年1月3日以降、生活の本拠を共にする交際（婚姻関係における共同生活に類する共同生活を営んでいないものを除く。）をする関係にある相手方からの暴力事案についても計上しています。

女平等の実現の妨《さまた》げとなっていること、同法の施策は、「女性に対する暴力を根絶しようと努めている国際社会における取組にも沿うもの」として、立法の理念が「女性に対する暴力」の防止と被害者の救済にあることも、明確にしています。

実際としても、DVの被害経験は、女性のほうが男性より割合が高いです（内閣府男女共同参画局「男女間における暴力に関する調査報告書」平成26年調査、平成27年3月公表によれば、被害経験が「あった」は女性23・7%、男性16・6%、被害により「命の危険を感じた」は女性2・7%、男性0・9%などとなっています）〈図表1〉。

DV防止法は2001年に成立し、その後3回改正されました（2004年、2007年、2013年）。同法のおかげもあって「DV」という言葉が知られるようになり、「いま、夫から受けていることは、もしかしたら、DVなのではないか。我慢しなくてもいいのではないか」と気づく人も増えたのかもしれません。配偶者暴力相談支援センター（DV被害者保護の中心的な役割を担う機関）への相談件数〈図表2〉や警察におけるDV事案の認知件数〈図表3〉をグラフで確認すると、右肩上がりです。それは、事件数が増加しているというより、被害者がDVをDVと認識するようになった、ということかもしれません。

さて、DV防止法の抽象的な文言を漫然《まんぜん》と読んでみても、自分の家庭とどう結び付くのか、ピンとこないでしょうか。具体的に、高圧的な物言いをしていないか、「いつも自分が正しく、いつも相手が間違っている」と決めつけていないか、最終的には「オレの判断」こそ夫婦の判断、家族の判断だと押し切っていないか、相手が折れないなら多少手荒なことをしてもいいと思っていないか。まずは自分の言動を省みることが大切です。

多少は思い当たるふしがある場合、どうしたらいいでしょうか。ストレートに、「僕、圧迫してないよね？　支配してないよね？」と聞いてみましょうか。しかし、残念ながら、すでにあなたが圧迫し支配しているとしたら、家族は怯えて「圧迫している、支配している」と答えてはくれないでしょう。だから、家族に確認して、「大丈夫だ、やっぱり支配してないようだ」と安心してしまうのは甘いです。あなたが注意深くわが身を省み、家族の発信するさまざまなサインに気づけたら、表面的な言葉とは違う家族の思いを察《さっ》することができるかもしれません。

こんな変化がありませんか

結婚したときは、妻はこんな状態ではなかった。気がついたら、前とは別人のよう。明るく元気になっていくという変化ではなくて、自信がなく、陰鬱な性格になり、病気がちな人になっている。

もちろん、病気や老化現象で、心身が不調になっている場合もあるでしょう。

しかし、ひょっとしたら、夫であるあなたの言動によるストレスが蓄積されて、妻の心身に影響を及ぼしているのかもしれません。次のような変化はありませんか。

---

① 家事や育児が「おろそか」に

家事や育児も十分にできない。

洗濯物を途中まで干して、寝込んでいたり、食事もろくに作らない。

買い物に行ったかと思えば、何を買いに行ったか忘れた、などと言う。

子どもの学校への連絡も怠《おこた》っていることが多いから、プリントを注意深くチェックして、提出する必要があるものを拾い出さなくてはいけない。

学校の勉強もろくに見てやらない。

以前はここまでひどくなかったのに、ふがいない。

以前はそうではなかったのにこんな状態になったのは「どうして」だろう…。まずその点が気になりませんか。

何事につけ、意欲、気力が減退している。

集中力もない。計画性もない。記憶力も低下している。

そんなことが、このような行動の変化につながっていそうです。

どうしてなのでしょう。ふがいないとあきれる前に、まず原因を考えてみてください。

② 無言・無表情

昔はくだらない話をいつまでもしていた妻が、無口だ。

話しかけても、「はい」「いいえ」くらいしか言わない。

そういえば、昔は快活なほうで、笑顔が絶えなかったが、無表情。

ぼんやりしていることも多い。


まあ、結婚してから数年経《た》てば、夫婦間では会話もなくなるし、愛嬌《あいきょう》だってなくなるものだろう。

以前はそんなに無口でもなかったのに、無言、無表情。こんなにぼんやりしてもいなかった…。

遠慮のない夫婦は言葉などなくても、お互いの気持ちが通じ合うような気がします。でも、自分と妻の間に、そんな夫婦ならではの、馴染《なじ》んだ、あたたかな雰囲気があるでしょうか。そんな雰囲気が本当にあるなら、じーっと無言のままではなく、ときには冗談を言い合ったり、愉快な話もぽつぽつとし合うものです。

そんなあたたかな会話はまったくないとしたら…。

妻があなたとの会話をとうに諦めている、その可能性はないですか。

あるいは、怯えているのかも…。

③ いつもあなたの意見に従う

妻から、以前は言い返されることもあったが、今は何を言っても無言だ。

自分の意見をビシビシ言うタイプだったので、ムカつくこともあったが、今は僕の意見を待っている。ちょっと意見が違っても、すぐ引っこめる。通じ合ってきた。

「通じ合ってきた」ですか…。

夫婦であっても、さまざまなことで意見が食い違うことなんて、ふつうのこと。むしろ、いつでも、どんなことでも、意見が一致するなんておかしいです。それも、妻が言うことに「なるほど」とあなたが思うことは皆無《かいむ》で、いつも妻が自分の意見に従ってくれる、なんて事態を「うれしい」なんて、その感覚は危《あや》ういのではないでしょうか。

あなたが怖く、あなたの言うことを聞かなくてはいけない、でもあなたが何で怒り出すか結局わからないから心配でたまらない。とにかく、その場を無事にやり過ごすために、自分の考えを示さないようにする。示してもすぐ引っこめてあなたに従う。

妻はあなたに何を言っても無駄とあきらめている、あるいは、自分の意見はどうせ価値がない、と何も考えないようにしているかもしれません。

④　謝るのはいつも妻

妻が言うことを聞かないと、叩いたり殴ったりしたことも、以前はあった。しかし、今はその手前で妻のほうから謝ってくるので、そんなこともしなくて済む。せいぜい平手打ち程度をたまにするくらい。

昔はこうはいかなかった。言うとおりにしないから、叱らなくてはいけなかった。反省するまで、「お仕置き」として、一人部屋に閉じ込めて、立たせたことも以前はあった。でも、最近は素直に謝るから、そんな「お仕置き」の必要もなくなった。

平手打ちしたあとでも、妻のほうから「ごめんなさい」と頭を下げる。妻自身、平手打ちされても怒ることはない。されて当然と思っている。相手の気持ちに反するような仕打ちは暴力でも、相手自身が気にしていないものは、暴力とことさら問題にすることでもないだろう。


問題です。

夫婦は身近な関係だからこそ、感情的にぶつかってしまうこともあるものです。でも、一方がいつも謝る立場なんて、おかしいのではないでしょうか。どちらかがいつも必ず間違っている、なんてことは、ありえないはずです。

「お仕置き」。なんという上から目線でしょう。どうも相手を対等な人格と認めているとは思えません。「一人部屋に閉じ込めて立たせる」、「叩く」、「殴る」も、然り。こんなことは、今どき学校の教師が生徒にしたとしたら大問題になる体罰です。でも、夫婦間なら大目にみてもらえる？　そんなことはありません。それもまた相手の尊厳を損なう行為です。

でも、相手のほうから謝るんだから、って？　怯えているからではないでしょうか。謝らないと、もっとひどいことをされるのではないかと怖がって、なんとかあなたの気分を変えてほしいと必死に謝っているに違いありません。

⑤　あらゆることに興味なし・意欲なし

以前の妻はフラダンスだのウクレレだのフラメンコだの、習い事を始めてはすぐ飽き、また別の習い事を始める、といった具合だった。

外国人に日本語を教える、日本文化を教える、といったボランティア活動にも熱心に取り組んでいた。

しかし、最近は新しい習い事をすることもない。

ボランティア活動もやめたようだ。

ひたすら家に閉じこもっている。

本当に何につけ中途半端なやつだ。

ボランティア活動で日曜日も家を空けるなんてとんでもなかった。ボランティアだか習い事だかで、帰りが遅くなったからと言って惣菜を買ってくるといった手抜きに腹を立てなくても済むようになったので、よしとしよう。

腹を立てなくても済むようになった…。ということは、以前は腹を立てたことも多かったのでしょうか。あなたは、妻が楽しく習い事やボランティア活動に取り組んでいることを苦々しく思っていることを口にしていませんでしたか。そんなにあからさまには言っていないと自分では思っていても、家を不在にしたら苦々しい顔を向けられ、惣菜を買ってきたら家事に手抜きをしたと嫌味を言われたら、あなたの苦々しい思いはたっぷり妻に伝わっていたことでしょう。

大切な人が何かにやりがいを見出して取り組んでいるとしたら、自分も嬉しい。そんな気持ちになりたいものです。応援したくなり、食事が買ってきた惣菜になるなど手抜き三昧《ざんまい》になっても、それだけ夢中になっているんだなあと、愛《いと》おしくなってもいいような気がします。出来合いの惣菜には飽きた、もっと美味《おい》しいものを食べたい。そう思うなら、自分で作ってみたらいかがでしょうか。美味しく作れたら、家族から感謝されること間違いなしです。多少の失敗作でも、ご愛嬌。感謝されますとも。

初めからそういうふうに接していたら、今のように何もかもやめて沈んでひきこもっていることはなかったはずです。

〈妻の状態チェックリスト〉

次のチェックリストを見てください。妻の状態に当てはまるものがいくつありますか。

〈妻の状態チェックリスト〉

□罪悪感
□暴力の否定・過小評価
□無力感
□恐怖・不安
□趣味などの活動に興味を失う
□自分自身への否定的な評価
□自分の感覚や欲求、判断力への信頼の喪失

□感情の豊かさ、意欲や気力の喪失
□感情の浮き沈み
□集中力の低下
□記憶力の低下
□決断を下すのが困難である
□思考能力の減退
□対人関係能力の低下

これも当てはまる、あれも当てはまる…。いくつも当てはまるとしたら、本気で自分の言動を反省してみてください。妻の言動ではなく、自分自身の言動を、です。

いったいこれはどんなリストでしょうか。

文献上、ＤＶが被害者にもたらすさまざまな影響が指摘されています。[7] そのうち、感情面の影響を抜粋したものです。

前節で挙げたさまざまな妻の様子は、このリストに当てはまるところがたくさんあります。

①の妻の様子は、意欲、気力の減退、集中力・記憶力の低下を窺わせます。

②の様子からは、感情の豊かさ、自分の感覚への信頼の喪失が感じられます。あるいは、不安が強く、感情を表に出さないように抑制しているのかもしれません。

③のケースは、妻は、違う意見を言ってはひどいことをされるという恐怖を抱いています。あるいは、無能だ、ダメだ、バカだと言われ続け、自信がなくなり、自己評価が低下していて、自分の意見を自分でも過小評価しているということかもしれません。

④も、同様です。謝らないとひどい暴力をふるわれるのではないかと不安で、先回りして謝っているのかもしれません。また、自分でも自分を否定的に評価する癖がついていることにより、謝るべきは自分だと思いこんでいたりします。自分の意見をわかってもらうにはどうしたらいいかを考える気力も失っていることが考えられます。

⑤の妻は、何かチャレンジしよう、生活を楽しもうという気持ちがなくなっています。まさに、意欲、気力の喪失と言えるでしょう。

なお、これらの状態は、後述するPTSD、あるいは抑うつ状態の症状のようでもあります。

ここまで、感情面や対人関係の変化を考えてみました。DVが及ぼす影響は、さまざまです。たとえば、次のような心身に及ぼす影響も指摘されています。

それはもはや病気では

⑥ 妻はいつも暗い。すぐ体調を崩し、寝込む。食欲もなく、食卓についてもほとんど食べない。見ていていらいらする。

いろいろな病院に行っても、これといって、特に原因がわからない。仮病なんじゃないか。気の持ちようだというのに情けない。

この前は、自殺未遂騒ぎまで起こした。それなのに、たいして謝りもせず、ぼうっとしている。

どうして、そんなに体調を崩すようになってしまったのか、食欲がないのか、体調不良なのか、笑顔がなくなって暗くなってしまったのか。自殺未遂まで起こして、それでもぼうっとしているのはどういうことなのか。気遣ってほしいものです。

もちろん、家族の問題だけでなく、仕事上のストレスや、それ以外の人間関係の悩みに直面しているために、そんな状態になっているのかもしれません。あるいは、心因性というわけではない、身体の病気かもしれません。どんな原因からの病気や言動の変化であっても、家族なのですから、案じ、心配し、相談に乗ってあげてほしいものです。

もし、「自分で早く直せばいいのに」と突き放しているとしたら、そのようなあなたの言葉や行動にも、原因があることは大いにありえます。

〈妻のチェックリスト2〉[8]

□睡眠障害
□食欲の減退
□過度の疲労・倦怠感
□動悸
□呼吸困難
□胃腸障害、吐き気、むかつき
□病気がち
□婦人科系の問題

□ＰＴＳＤ
□抑うつ状態・不安障害・パニック障害
□アルコール・薬物依存症
□自殺念慮・自殺企図

⑥のような、何かと体調を崩す。やたらと疲れやすい。頻繁に病院に行っているようだが、「原因不明」でこれといった治療法もない。自殺企図。これらのさまざまな心身の症状は、ＤＶの被害者に現われるものでもあります。ＰＴＳＤなどによる解離症状が、「ぼうっとしている」ように見えるのかもしれません。

いつＤＶをふるわれるかわからない不安から、常に緊張して生活することを余儀無くされると、その影響から疲れやすくなったり、免疫力が低下してさまざまな病気にかかりやすくなると言われています。身体的な症状が一定ではなく、いろいろな症状を訴えることもあり、医療機関では、「不定愁訴《しゅうそ》」などと診断されることも多く、時には「仮病」「気のせい」と、周囲の無理解にさらに被害者が苦しむことも起こります。

ＤＶを受けるかもしれない恐怖や不安を和らげようと、お酒を飲んだり、薬物に頼ったりすることもありえます（日本では、お酒の乱用のほうがよりみられるそうです）。アルコールを過剰に飲むことは、女性ならば特に、周囲からのまなざしは厳しくなるでしょう。そんな辛さも麻痺《まひ》して忘れてしまおうとまたお酒の力を借りて…となると、悪循環《あくじゅんかん》にはまってしまいます。「飲酒で辛さを忘れようとしてたくさんお酒を飲んで酔っぱらっていた。それをまた夫にとがめられて暴力をふるわれた。しかし別居後は一滴もお酒を飲みたいと思わない」と振り返っていた被害者もいました。

ＤＶとＰＴＳＤ

ＤＶ被害者の中には、外傷後ストレス障害（Post Traumatic Stress Disorder／ＰＴＳＤ）と診断される人もいます。実際、私の依頼者でＤＶ被害を受けてきた方の中で、ＰＴＳＤと診断されるＤＶ被害者は少なくありません。民間のシェルター滞在中のＤＶ被害者を対象にした研究では、その40・０％にＰＴＳＤがみられるとの結果でした。[9] 宮地尚子《みやじなおこ》医師の臨床経験でも、ＤＶ被害者の半数近くは、ＰＴＳＤの診断基準を満たしているそうです。自然災害や事故などによるＰＴＳＤの発症率は10％程度。数値を比べれば、ＤＶがいかに精神的ダメージが強いものかがわかります。[10] 自然災害や事故は１回限りですが、ＤＶは繰り返し被害を受けるという特徴を持つからかもしれません（ジュディス・ハーマンはDVのような繰り返し外傷的な出来事に遭うことによるPTSDを「複雑性外傷後ストレス障害」と呼びました）。

PTSDとは、DSM－IV－TR（精神疾患の診断・統計マニュアル）によると、自分が死ぬかもしれない、大けがをするかもしれないなど、自分の身体への脅威を覚える出来事を経験したり、他者のそうした出来事を目撃したり、家族など身近な人が暴力的な出来事で怪我をしたり、亡くなったりといった、ひどく外傷的な出来事を経験した後に続いて出現する症状が1カ月以上持続している場合です（1カ月未満の場合は、急性ストレス障害ASD）。

PTSDの核となる症状は、「再体験」「回避と麻痺」「覚醒亢進《かくせいこうしん》」です。

「再体験」とは、フラッシュバックと呼ばれ、被害の全体ないし一部を、今まさに起きているように繰り返し追体験することです。

「回避」とは、外傷的出来事と関連したことがらや出来事を想起させるような状況や人物を避けようとすること、出来事の重要な側面を忘れるといったことも含まれます。外界への関心や反応が減退し、他者との関係や活動から引き下がる精神的・情緒的麻痺も起きてきます。DVのように、日常生活の中で起こる外傷的出来事の場合、自分のまわりのほとんどすべての物事が再体験に通じることになります。そのため、被害者が人間関係などを避け、孤立してしまうことになりかねません。

「覚醒亢進」とは、神経が常に敏感になった状態であるために、いらいらしたり、ささいなことで驚きやすくなったりします。寝つけない、眠ってもすぐ起きてしまうなどの不眠に悩む被害者も多くいます。過度の警戒心、ちょっとしたことに激怒するなどの反応がありま す。

さらに、特にＤＶなどによる複雑性外傷後ストレス障害には、以下の特徴があると指摘されています。[11]

Ⅰ　感情調節の障害…持続した不機嫌、慢性的な自殺念慮、自傷
Ⅱ　意識状態の障害…記憶にまつわる障害、離人症、一過性の解離《かいり》
Ⅲ　自己イメージに対する障害…自分が壊れてしまったような感覚、自分は人とはまったく違うという感じ
Ⅳ　対人関係の障害…孤立と引きこもり、他者への不信と依存
Ⅴ　その他…自暴自棄、絶望感など

私は時おり、とても淡々と抑揚なく暴力の被害を話す被害者に出会うことがあります。慣れない人には、話している内容とトーンのギャップに戸惑い、被害の深刻さがわからないかもしれません。もしかしたら、その淡々とした口ぶりは、解離の症状のあらわれなのかもしれないと疑ってみてください。解離とは、非常に辛い出来事の際の感覚やその記憶を切り離し、自分に起こっていることではないかのように扱うことで自分を守っていくことを言います。解離はPTSDの特徴的な症状のひとつであり、解離性障害とPTSDは重なっている場合が多いようです。DVの被害者が、被害を覚えていなかったり、思い出せなかったりするのも、解離を起こしているからであったりします。ぼんやりしていたり、激昂《げっこう》したり自傷行為をしたりするが後になってなぜかわからないという行動も、解離の症状のひとつとも言われます。

DV被害者の中に、「抑うつ状態」などの診断を受ける方も少なくありません。抑うつ状態のみならずPTSDや解離性障害もですが、加害者と別居したらすぐ治る、というわけにはいかず、別居して物理的に離れた後も長く苦しんでいる被害者は実に多いです。家事や育児ができなくなっているのは、抑うつ状態であるからにもかかわらず、自分を責め、自己評価をいっそう低下させていく、といった悪循環も生じかねません。周囲が、原因を見きわめず、責めるばかりでは、この悪循環をますます深刻にすることになります。

その他の被害も…

身体への被害のほうが、DVを原因としていることがわかりやすいでしょう。殴ったり蹴ったりしたあとの出血、打撲、ねんざ、骨折、鼓膜破裂、歯が折れる、内臓損傷…。無理やり性交をされて、性器や肛門に傷がつく場合もあります。「わかりやすい」といっても、必ずしも被害者も加害者も重大視する、ということではありません。何度も暴力をふるわれても、別れられないと思いこみ、その環境で何とか生活を続けようとすると、痛みの感覚を麻《ま》痺《ひ》させてやり過ごす、ということが、実際にあります。

麻痺させることで被害を直視しないでいる被害者を前に、加害者も行為の重大さを認識しようとせず、繰り返し、さらにエスカレートさせていくことがあります。

痛みなどの感覚を麻痺させているために、症状の悪化や慢性化が進むこともあります。実際、避難してから数カ月前の骨折に気づき治療した、どうも妙な痛みが続きおかしいと思っていた、などということも見聞きします。行動や家計をコントロールされているために、病院に行くことを躊躇《ちゅうちょ》する、という人もいます。また、医師や看護師が被害に気づくことがないように妻を病院に行かせなかったり、行く際には一緒についていったりする加害者もいます。そのようにあからさまに加害者が目を光らせていなくても、被害者自身が「家庭内のこと」を外部の人に漏らしたくはないということも少なくありません。夫に怯えているだけではなく、「身内の恥」は漏らしたくない、という気持ちだったり、夫に愛情も残っていて、かばってあげよう、という気持ちだったりもします。あるいは、解離の症状から、暴力の記憶が飛んでしまっているのかもしれません。

外傷の後遺症として、頭痛や腹痛、視力や聴力など身体能力の低下、むちうち症状・ひどい肩こりなど筋骨格系の愁訴や慢性疲労もありえます。

妊娠中のＤＶによる影響も指摘されています。身体的暴力による胎盤剥離《たいばんはくり》、子宮破裂のほか、低出産体重児や、早産や流産もあります。

たとえ本人同士が「たいしたことない」と思いこんでいても、ＤＶは被害者の心身をむしばんでいて、その影響は長期にわたることがあり、次世代にも影響があることがある。その点を、心に留《と》めてください。

子どもは気づいていない？

妻に暴力をふるったことを認めながらも「子どもの前では妻に手を出さなかった」と胸を張る男性がいました。「夫は気遣ってくれて、私を殴ったりするのは、子どもたちが寝た後とか、学校に行っていないときでした」と夫を「評価」する女性もいました。それも、一人二人ではありません。

ところが、当の子どもたちと話してみると、「気づいていた」と打ち明けられることがあります。むしろ父母の間に起こっていることにまったく気づかなかった、という子どものほうが少ないとすら思えます。

内閣府男女共同参画局の「男女間における暴力に関する調査（平成17年実施、平成18年公表）」〈図表４〉によると、配偶者からなんらかの被害を受けた女性のうち20・２％が、「子ども（18歳未満）は目撃していた」、11・７％が子どもが目撃していなくても音や声、様子から知っていた、と回答していますが、38・３％は「子どもは知らなかった」と回答しています。でも、被害者が思う以上に、子どもは気づいている、というのが私の実感です。

子どもが「さまざまな情報からＤＶが起きていることを感じ取っているのだと驚かされる」とある臨床心理士の方も書いています。○12

知っていても、誰にも話してはいけないと子どもが感じていることも多いのです。それも、暴力が深刻であればあるほど、安易には話せない。友人や先生、近所の人に話しにくい。当の母親にも話さないことが多くあります。だから、母親も、子どもたちはDVに気づいていない、それほど深刻に受け止めていない、と思いこんでいる場合があります。母親自身が、DVを隠しているからのこともあれば、被害に打ちのめされて、子どもを丁寧に見ることができないからのこともあるでしょう。

なぜ、子どもは父母間のDVに気づいていても話さないのでしょうか。まず、DVに限らず父母の不仲で子どもは傷つきます。自分が大事にしたい家庭が崩れていくとき、子どもは無力感や怒り、悲しみなどさまざまな感情を抱き、受け止めきれません。

また、父母どちらにも愛着を感じている場合、愛着の対象である一方の親を同じく愛着の対象である他方の親が傷めつけるということにより、虐待と同じく（子どもの面前でのDVはまさに心理的虐待です）、子どもは、葛藤《かっとう》に直面します。そのため、DVを認識しないようにして（心理学的にいう、防衛機制による否認、抑圧、合理化などのはたらきで）、話さない、ということもあります。

また、「自分のせいだ」と思っている子どももいます。実際、父親が、子どもの成績低下

〈図表4〉子どもによる目撃

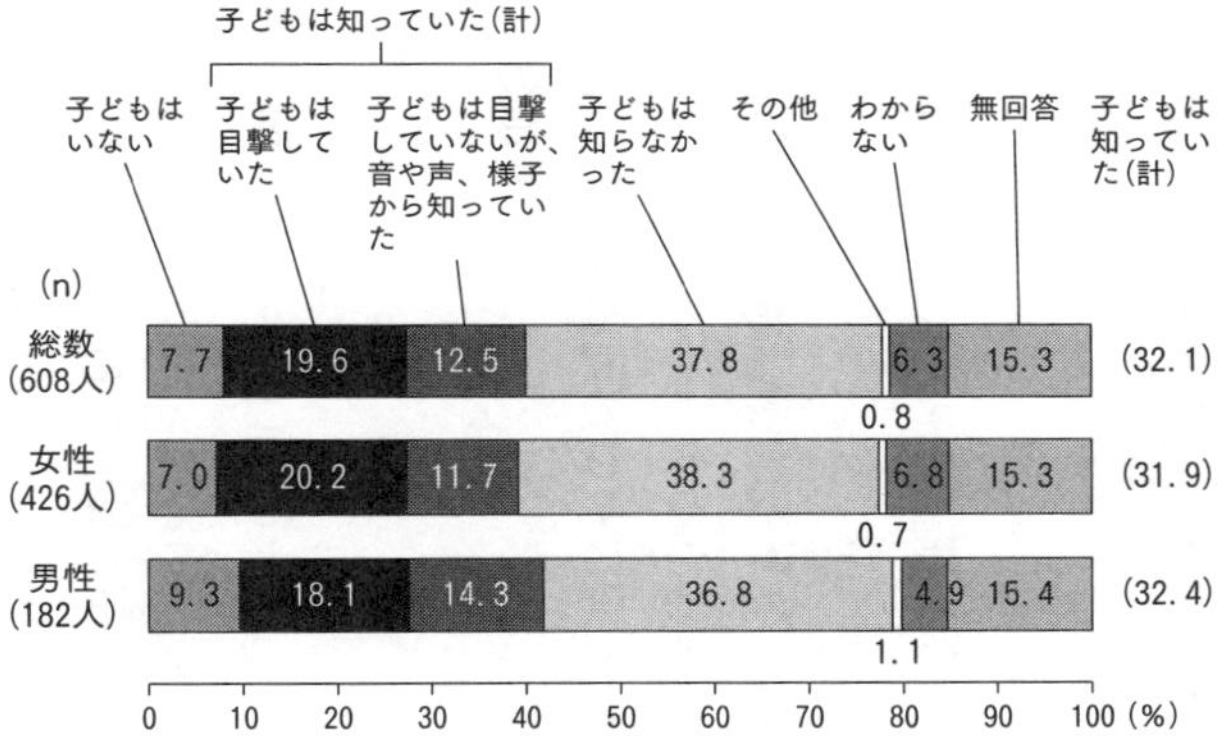

内閣府男女共同参画局調査(平成17年度実施)

などを理由に、母親を責めることはよくあります。父親が子どもに「体罰」をふるっているのを止めようとして、母親がひどい暴力をふるわれる、という事態もあります。「自分がもっと熱心に勉強すればよかったのに、できない自分が悪い」、「父親の言うことを聴いていればよかったのに、口ごたえした自分が悪い」などと自分を責め、罪悪感から、相談し、助けを求めることができないのです。

何事もなかったように気丈にふるまう母親に合わせて、不安感や恐怖心を抑え込んで、明るくふるまう子どももいます。知られまいという母親の態度が、「知られてはいけないことなのだ」と思わせることにつながってしまうのです。

また、ＤＶがあることが「家族の欠陥」であると感じ、「恥ずかしい」と感じて、外部の人に話せない、ということもあります。

話さないからといって、不安感や悲しみ、怒りが消失しているわけではありません。それらの感情が表出されないことにより、葛藤がより深まり、影響は複雑なものになっていきます。[13]

子どもへの影響

子どもたちは、父母間のＤＶに気づき、不安感、悲しみ、怒りを抱えているうちに、どうなっていくのでしょうか。ＤＶのある家庭で生活してきた子どもたちの多くに、行動面、感情面その他にさまざまな影響があると指摘されています。[14] 具体的に考えてみましょう。

---

⑦　子どもがキレやすい、周囲の子に乱暴して困ると、担任から呼び出された。妻のしつけがなっていないからだ。妻自身、だらしない。俺がビシッとゲンコツで言うこと聞かせるか。

⑧　子どもが無表情だ。子どもらしい、はつらつとした感じがない。話しかけても、返

事をしないことすらある。妻とまったく同じだ。妻が元気がなく、引きこもっているのが、家の中にいやな空気をたちこめさせ、子どもにも影響しているに違いない。
⑨　子どもがやたらと下痢をする。眠れない、頭痛がするともいう。病院に行っても、原因がわからない。気の持ちようで治るのではないか。情けない。
⑩　同居しているとき、子どもは勉強でも部活でも張り切っていた。妻が子どもを連れて別居して、代理人をつけて離婚したいと言ってきた。今、子どもは不登校になっているらしい。妻が自分勝手に別居したのが、よくない。子どもがかわいそうだ。
⑪　子どもも、「お母さんって情けない」と妻にあきれている。「女ってバカだよな」とも言う。つきあいはじめた彼女と早速別れたようだ。彼女が前の彼氏とメールをしているのを知って、子どもがキレて、彼女を殴り、ケータイを折ったりしたらしい。乱暴で困ったやつだ。まあ、気持ちはわかるが。

これらは、ＤＶの影響かもしれません。

たとえば、子どもの行動面への影響として、加害者と同一化し、他者（特に母親と同じ女性）に暴力をふるってしまう子どもがいると指摘されています。被害者と同一化し、「暴力を仕方のないこと」と受け入れる傾向もみられるといいます。⑦のケースで、子どもを「しつけ」のため暴力をふるってしまったら、暴力をいけないこととして止めることにはなりません。それどころか、暴力は場合によっては正当化されるものだとの認識を強化し、ますます暴力をふるうように促《うなが》すのと同じです。

父母間にＤＶがあることで精神的不安定になったり（落ち着きのなさのため、「注意欠陥多動性障害」と混同されてしまうこともあります）、傷つかないように、外部の刺激を遮断する、ということもあります。後者は、刺激を避けようとすることで心身の安定を図ろうとしているのですが、周囲からは「落ち着きがない」とみなされたり、また、解離に至ってしまう場合もあります。⑧のケースは、刺激を遮断《しゃだん》している、あるいは、解離に至っているのかもしれません。

なお、ＤＶのある家庭の子どもは、不安が強く集中ができない、意欲が低下しているなどのため、学習が遅れてしまうこともあります。逆に、子どもが、「いい子になれば、父親が満足して、母親に暴力をふるわないかもしれない」と頑張って勉強し優秀、ということもあります。しかし、それはそれで多大な緊張感を強いられているのであり、ストレスが後に深刻な症状をもたらすこともありうるのです。

父母間のDVは、子どもにとって耐えがたい状況であり、強い葛藤が生じますが、自分にはどうすることもできない。その状況に対処するために、解離が生じることがあります。解離のあらわれとしては、ぼうっとするだけではなく、加害の再現として、暴力をふるう、落ち着きがなくなる、といった行動になることもあります。

被害者の症状と同様、不眠や頭痛、腹痛、吐き気、下痢などの症状がみられることもあります（⑨のケース）。病院に行っても原因が見つからない、とされるのも、同様です。

できていた身辺のことができなくなったり、赤ちゃん言葉を使うようになるという退行もみられます。自分に関心を向けてほしいというサインでもあるのでしょう。

小学校高学年以上の子どもの場合、夜間徘徊や万引きなど、「非行」行為をする場合もあります。DVがある父母は子どもへ十分な関心を払っていない場合があり、「悪い子」になって注目を得たい、という気持ちからのときもあれば、DVがある家庭が子どもにとって居心地のいい場所ではないため、外で過ごしている、ということもあります。また、子どもがDVを目撃して、他者へ不信感を募らせているために、他者を傷つけることへのハードルが低くなっていることもあります。あるいは、自己肯定感を持てず、自分をさらにおとしめようとしている場合もあるでしょう。

家庭内で緊張があり不安な日々を過ごしているうちに、何事につけ意欲がなくなり、引きこもってしまう子どももいます。また、精神的ストレスが募り、被害者と同様、抑うつ状態に陥る子どももいます。父にも母にも「だらしない」と責められ、ますます閉塞感につながり、動き出せなくなってしまうのです。

なお、母親がうつ状態になっているときには、子どもは、母親を支えるかのようにしっかり行動しているけれども、母親が回復に向かうときに、うつ状態が現れることが多いそうです。抑え込んでいたけれども、消化できていなかったストレスをようやく外に出している、ということなのでしょう。⑩のように同居中は勉強も部活も頑張っていた、というのは、子どもが非常に無理をしていた、ということかもしれません。そうであれば、長く抑えこんで蓄積していたストレスを解消し、回復していくには、相当時間がかかるはずです。

感情面への影響としては、自責感のほか、罪悪感があります。子どもは、母親を苦しめる父親を嫌いになれないことで、母親に対し罪悪感を抱くこともあれば、父親を憎く思うことで、父親に罪悪感を抱くこともあるのです。DVを止められないことで無力感を抱き、また、DVがいつまた起こるのかと不安を膨らませ、予測がたてられないことで日々緊張状態が続くこともあります。母親が父親を怒らせないようにと神経を尖《とが》らせている状態で、子どもを気遣うことができなかったりして、子どもが孤独感を抱いている場合もあります。「大事にされている」と実感できない家庭の中で、自尊心が低下してもいきます。DVによって生じている感情を抑えこんできたために、感情に対して鈍くなったり、麻痺させていたりもします。

⑪のケースのように、子どももあなたと同様、母親をダメだダメだと言っているとしても、「やはりダメな母親だ」と合点しないでください。ダメだダメだと言われて、暴力をふるわれているうちに、被害者自身、自分を肯定できなくなっている家庭の中に、子どもはいます。その家庭の状況になんとか適応しようと、「母親の自業自得だ」「ダメだから暴力を受けるんだ」と納得しようとしてきた、ということも生じます。

また、男性が加害者で女性が被害者といういまだによくあるケースの場合、加害者が「女性より男性のほうが優位」と思いこんでいることも少なくありません。それを見ている男の子が、女をバカにするようになったり、女の子が、「どうせ女だから」と自分を卑下《ひげ》する、ということも起こりえます。知らず知らず「女性より男性のほうが優位」と思いこんでいると、恋人や夫婦など親しい関係になった異性に対して、父が母に対してしてきたDVをしてしまう、逆にDVに甘んじてしまう、ということになりかねません。

⑪のように、元交際相手とメールしているのがわかったら、むっとするかもしれません。でも、むっとした気持ちを伝えるだけにとどまらず、殴ったり、携帯を壊す、なんて、まさに暴力、デートDVです。好きな相手との間に生じる感情の揺れを、すぐさま暴力をふるうかたちでしか表わせないとしたら、豊かな人間関係を育《はぐく》めるはずがありません。

そのまま、将来的にも、結婚した場合、自分が見てきた父母の関係をなぞり、支配的にふるまい、DVをしてしまうとしたら…。DVには「世代間連鎖」がある、という指摘もあります。確かに、私が出会う加害者あるいは被害者の父母の間でもDVがあったらしい、というのは、よく聞きます。そこで、世代間連鎖、と聞くとつい頷《うなず》きたくなります。もっとも、悲観的になりすぎるのもよくないでしょう。父母間のDVを見てきたからこそ、自分はそんなことはしたくない、DVをふるわれるまま耐えたくない、と心がけて育ってきた人もいるはずです。

とはいえ、子どもにさまざまな影響を及ぼすDVを繰り返していいはずはありません。父母自身、互いを対等として尊重しあう関係を築いていない以上、子どもに愛情と暴力・支配を混同してはいけないことを理解させるのは、難しいことでしょう。まずは、自分を省みることが大切です。

母子間に与えるダメージ

⑫　夫が子どもに「こんな母親より違うお母さんがほしいよな」「お母さんが言うことなんてくだらないから聞くな」と言う。子どもは、すっかり私を見下す。私が、テスト勉強をしなさいと言っても、聞かない。夫から買ってもらった新しいゲームを夜遅くまでやっている。

それでも注意すると、「うるさい」と怒鳴り、拳を壁にぶつけた。こわい。夫そっくりだ。

夫が自分を軽んじるのに同調して、子どもが言うことを聞かない、と相談者から打ち明けられることもしばしばあります。

ＤＶは母子関係にもさまざまなダメージを与えうるものです[15]。もちろん、助け合い、支え合う母子もいますので、絶望する必要はないのですが。

たとえば、母親がテレビやゲームの時間を制限して早く寝かしつけようとしていても、父親が気まぐれに夜遅くまでテレビを観たり、ゲームをしたりするのを認めたりすると、子どもにとって、父親のほうが「いい親」だと感じられたりします。あるいは、父親のほうが、お金も持っていて、子どもがねだるまま、テレビゲームでも何でも買ってあげたりします。そうするとなおさら、子どもにとっては、父親のほうが「いい親」、「甘えがいのある親」と映るのも仕方ないでしょう。

他方、母親は、子どもにとって面白くない小言を言い続ける存在だったりします。その母親を、父親が「言うことを聞かなくていい」と否定してくれると、母親に対する父親の否定的な態度を自分のものにして、父親と一緒になって、母親を間違ったことを言う存在としてバカにしてしまうといった事態も生じ得ます。

母親自身、暴力をふるわれ、自己評価を低くしている上に、子どもからも否定的な態度をとられると、「自分は母親失格だ」と思いこんでしまいがちになります。

DVを受けている母親は、自分が傷つき苦しんでいることに精いっぱいで、子どもも傷つき苦しんでいることに目が向かず、子どもを守り、安心感を与えるどころではなかった、母子間で、情緒的な絆《きずな》を育んでこなかった、という場合もあります。

また、PTSDや抑うつ状態などで、心身の状態が悪化している母親にとって、子どもの世話をすることは当面難しくなっていることもありえます。心身がある程度健康ではないと、やはり情緒的な絆が築けません。

あるいは、子どもの反発、反抗がその年相応のものであるとしても、不安定な母親にはそう思えず、加害者の言動と重ねて、子どもに被害感情を抱いたり、拒否してしまったりしかねません。

母親が暴力をふるわれたくないために、父親に迎合し、前に言ったこととは違うことを言ったりすることがあります。そうすると、子どもに「父親の機嫌をとるために、言うことを次々変える。一貫性がない」と愛想《あいそ》をつかされてしまうでしょう。子どもが、母親も信頼できない、と感じてしまうのも、やむを得ないところです。

心身の不調のある母親に子どもが「情けない」となじり、そんな言葉を投げつける子どもに「お父さんそっくり」と母親は言い返してしまう…。どちらもさらに傷ついていきます。

悲しいことですが、父親に同一化した子どもが、母親に父親同様の暴力をふるう、こともあります。痛めつけられた母親が心身の不調に苦しんでいるのを「ふがいない」と感じ、怒りさえ感じて、暴力をふるってしまう…、両者にとって、あまりに悲しいことです。

子どもを連れて別居した母親が、子どもから、「こんなことなら、お父さんのところへ戻ったほうがいい」、「お母さんさえ我慢すればよかったのに」と言われることもあります。

「では帰ればいい」と母親も売り言葉に買い言葉で言い返してしまう…。傷つき疲れている者同士、いたわりあいたくても、空回りすることがあるものです。適切なメンタルケアにつながることが望ましいのですが。

父親が、原因をまるで考えることなく、母子関係の悪化を放置し、そのあげく、「自分のほうが子どもに好かれている」などと満足するなんて、子どものためにもよくないことです。

兄弟姉妹間にも影響が…

⑬　長男が妻に反抗する。妻の手に余っているようだ。長男が怒鳴り散らしているところで、次男はひょうきんにおどける。場違いで、何を考えているかわからない。長女は、まったく無関心で、長男と妻が怒鳴りあったり次男がふざけているわきを通り過ぎ、自分の部屋にこもってしまう。

DVは父母間、親子間だけでなく、兄弟姉妹間にも影響を及ぼします。[16] なお、しつこいよ

うですが、必ずしもDVのある家庭のどの兄弟姉妹の関係もこのような状態に陥るわけではないので、絶望しないでください。

DV加害者は、必ずしも意識的に家族の関係を分断しようとまで考えていないかもしれません。

しかし、第1章のAさんのように、DV加害者が特定の子どもをひいきにする一方、他の子どもを劣位におくようなことを言ったり、無視したりということがあります。お金もあり、何か買ってくれる、さまざまなことを決定する…。子どもの目から見ても、この家庭の中で、誰が一番「権力」を持っているかはわかるものです。あるいは、自分も暴力をふるわれるのであれば、その苦痛を逃れるためにも、「ひいき」にされるにこしたことはありません。そうして、DV加害者からほめられ、「ひいき」にされるために、ほかの兄弟姉妹を蹴《け》落《お》とそうと、欠点を見つけてけなし合う、反目《はんもく》し合う、ということが生じ得ます。

暴力が生じないよう注意していても、その努力は空しく、DVが起こってしまう。そうすると、その責任を兄弟姉妹間でなすりつけ合ったりします。さらに、暴力を誘発するようなことを誰かがしないように、互いに「監視」し合うようにもなります。

でも、ＤＶの原因は予想がつきません。どんな「ささいなこと」でも原因になるものです。誰かが夜遅くまで勉強していた、誰かがテスト前に早々と寝た、誰かが食べ残した、誰かが食べ過ぎた、誰かが遊びに行った、誰かが遊びに行かないで家に残っている…。前回とは真逆のことで突然加害者が怒り出し、暴力をふるう、ということがありうるのです。そうすると、兄弟姉妹間でいつも緊張し、イライラし、お互いにあらゆる行動を批判し合うことになりかねません。特定の子どもをスケープゴートにして、兄弟姉妹間に「いじめ」が生じてしまうこともあります。その特定の子どもが、みなの緊張感や不安のストレスのはけ口となったら、何と苛酷《かこく》なことでしょう。

加害者が怒りを暴力で表出するのを「学習」してしまい、兄弟姉妹間でも、暴力をふるって言うことを聞かせる、ということもあります。先ほどの特定の子どものスケープゴート化が暴力を伴うものであれば、さらに危険です。

目撃したＤＶの場面や、ＤＶに対する感受性は、兄弟姉妹間で異なります。特に気にしていない（ふりをしている）子どもと、非常に傷ついている子ども、どちらか一方の親に肩入れしている子ども。感覚が異なる兄弟姉妹間では葛藤や対立が生じることでしょう。

あるいは、緊張に耐えきれず、外の刺激を遮断して内面を守っている場合。お互い、関心を向けず、相互交流がない、希薄な関係になっていたりします。⑬の、長男と母の修羅場などないかのようにふるまう長女は、まさに、自分を守るために、必死で外の刺激を遮断しているのでしょう。

他方、相互に不安を抱え、年長者が年少者の世話をしたり、年少者が年長者の緊張を和らげるなど、一見気遣い合う関係を築いているように見えることもあります。⑬の次男が、場違いなまでにおどけてみせるのは、その場の緊張の緩衝《かんしょう》役になろうと必死で、表面的なひょうきんさとは裏腹に、強いストレスを蓄積《ちくせき》していることでしょう。このような子どもが、父母間が別居し、ＤＶがなくなってから、急に乱暴になったり、引きこもったりして、母親を困惑させることもあると言われます。そのような変化は、今まで必死に隠してきたストレスをようやく表出できた、ということなのです。

無関心を装う関係、依存している関係。どちらも、表面上は、特に問題がないように見えるかもしれません。しかし、どちらも相互の不安を解消するような不自然な関係であり、容易に支配・対立の関係に転じ得るのです。

ＤＶは、当事者に長期にわたる深刻な影響を及ぼしかねません。被害者が、加害者を即座に１００％嫌う、憎む、ということはほとんどありません。だからこそ深く長く葛藤し、その痛手も深いものになっていくのです。そして、直接の被害者だけではなく、見聞きしている子どもにも、多大な影響を与えます。被害者と子ども、子ども同士の関係も、歪《ゆが》んだ、困難の多いものになりうるのです。「被害だと今言われても、ずっと平気そうだった」、「子どもは自分になついていた」、「問題があったのはむしろ母子関係や兄弟姉妹間で、自分とは仲が良かった」…。だからといって、「あの行為はDVではなかった」、「DVだとしても、妻や子どもを傷つけていなかった」、「葛藤や痛手が続いていたなんて、大げさな」、ということではありません。

むしろ、たとえDVをふるわれても、ただちに恐怖や憎しみだけを抱くのではなく、依然として、夫として、父として愛情も尊敬も抱いている。そんなあなたの行動だからこそ、その影響は深刻で、長期化しかねないのです。

この章の最初に、配偶者暴力相談支援センターへの相談件数や警察におけるDV事案の認知件数が右肩上がりであることを紹介しました。しかし、DVの被害経験のある女性のうち、誰かに相談した割合は、50・3％にとどまります（男性被害者の場合、16・6％〈図表5〉）。相談しなかった理由は、女性の場合「相談するほどのことではないと思ったから」47・0％（男性64・2％）、「自分にも悪いところがあると思ったから」32・2％（男性33・3

〈図表５〉配偶者からの被害の相談の有無

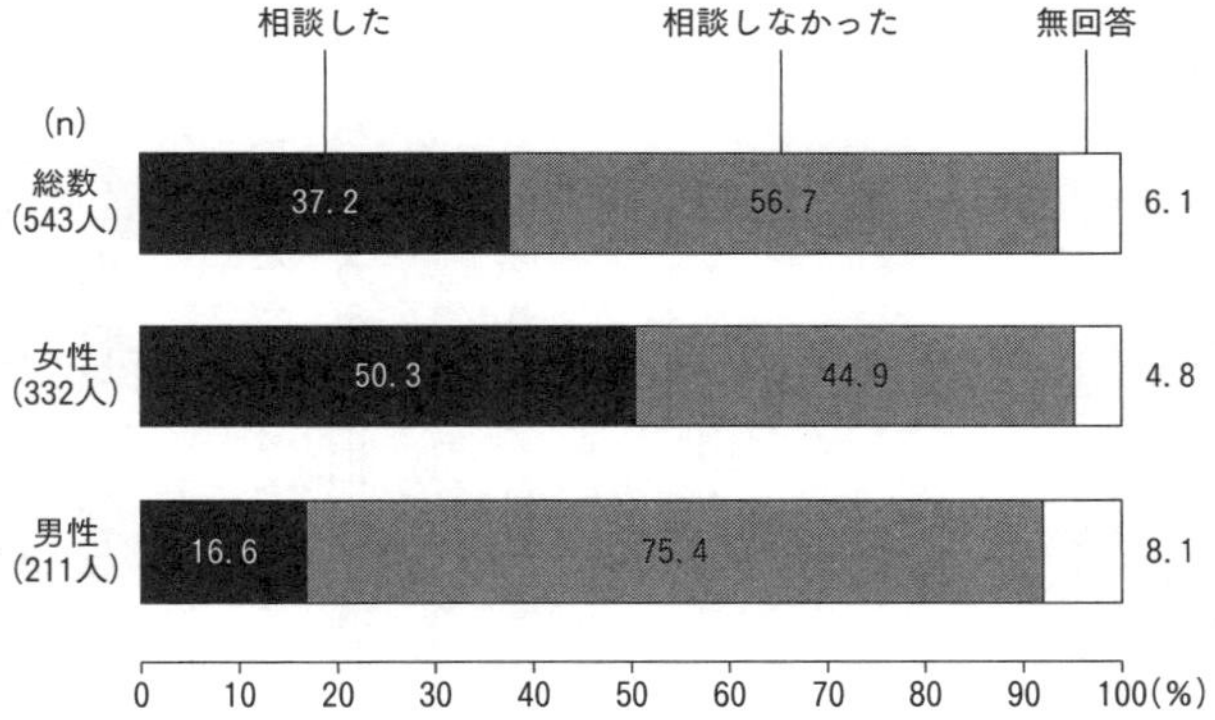

内閣府男女共同参画局「男女間における暴力に関する調査報告書」(平成27年3月)

％)、「相談してもむだだと思ったから」22・1％（男性16・4％)、「自分さえがまんすれば、なんとかこのままやっていけると思ったから」21・5％（男性17・0％）という順〈図表６〉。

「お前が口答えするからついかっとして」などと言われて「それもそうだ、私が悪かった、私さえ我慢すれば…」と思いこんで、耐え続けていく間に、暴力がどんどんエスカレートして、ひどい怪我をしたり、病気が深刻になったりしてしまう。それから、ようやく法律相談に来た被害者に私はたくさん会ってきました。なんとか法律相談に赴《おもむ》くエネルギーを残していた被害者はまだいいほうで、もはやそんなエネルギーも涸《か》れ果てた被害者もいるのではないかととても心配です。

DVと気づき、相談し、自分と子どもが不安にさいなまれることなく、健やかに生活できるように、アクションを起こす。その人が愛する人ならば、尊重するほかないのではないでしょうか。「いやだ、つなぎとめたい、多少の暴力をふるってでも」という気持ちが少しでもよぎるなら、もうそれは相手を愛しているとは言えないように思います。愛していると言えないのであれば、やはり別れこそ現実的な選択肢です。

では、第3章、第4章で、被害者が離婚に向けてアクションを起こしてきた場合の展開をご説明します。

〈図表6〉相談しなかった理由（複数回答）

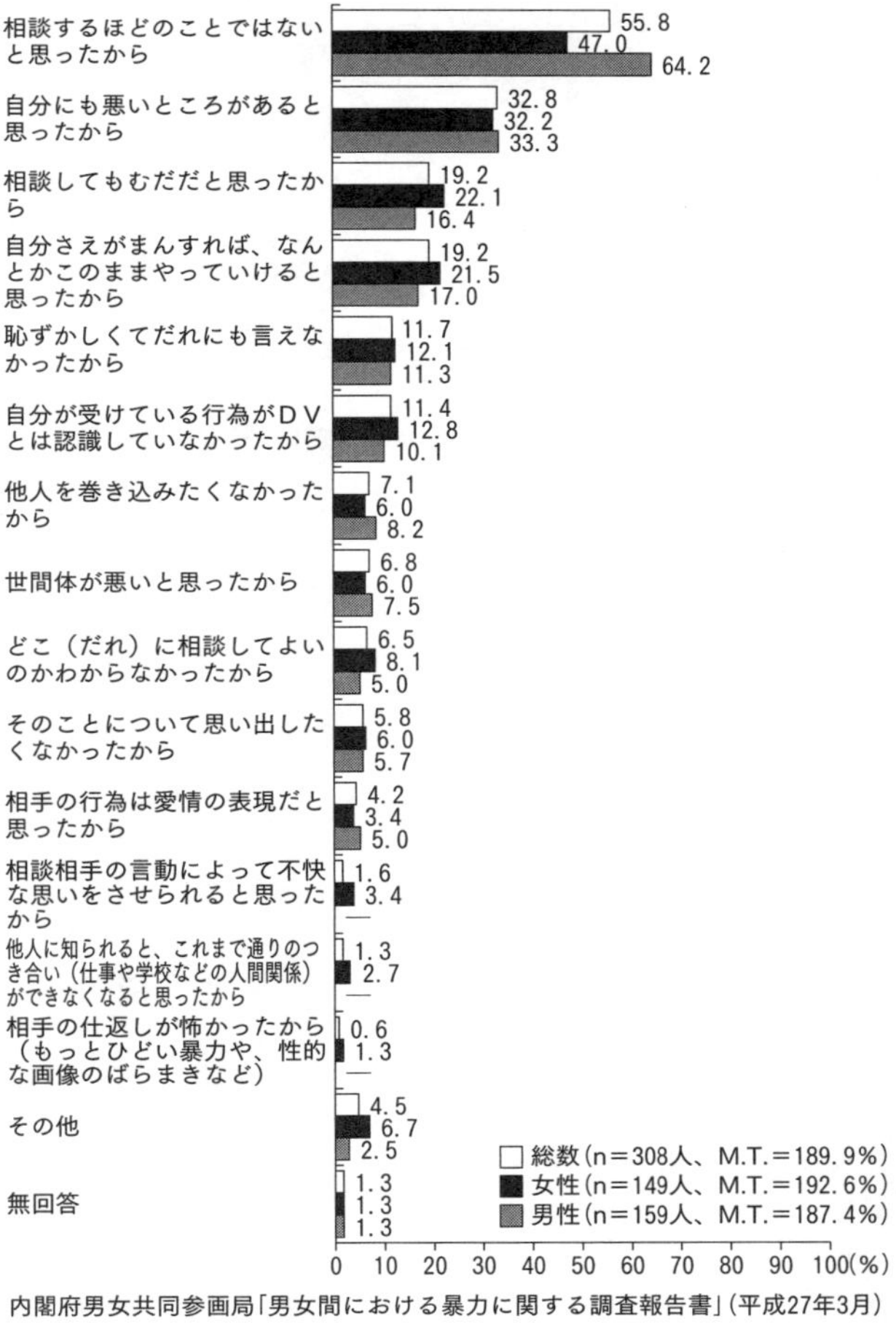

内閣府男女共同参画局「男女間における暴力に関する調査報告書」（平成27年3月）

第3章

突然の離婚の申し入れ

離婚の申し入れに驚愕して

この章では、実際に「突然離婚」を申し入れられた場合のお話を扱います。読者のみなさんは、おそらくそんな事態になるケースはめずらしい、自分には関係ない、と思われるかもしれません。この本を読んでわが身を省みることができたら、確かに、無関係なまま過ごせるかもしれません。でも、万が一ということもありえます。あるいは、突然離婚の申し入れを受けた知人から相談を受けることもあるかもしれません（その場合は結局は、法律相談に赴くよう促《うなが》すのが適当ですが）。もしものときに参考にしていただければと思います。

さて、第1章のAさん、Bさんが子どもたちを連れて出て行ったと知り、どうしたでしょう。

呆然自失《ぼうぜんじしつ》…している場合でもないと、妻にLINEで、「どうしたんだ？」「子どもたちを連れて戻ってきてくれ」「まずは話し合いをしたい」とメッセージを送ってみた。

しばらくして…。既読。でも返信なし。既読無視⁉

電話をかけてみた。出ない。留守番電話に吹き込む。

無視されて、腹が立ってきた。

「子どもはお前に任せられない」「勝手に出て行くのに、子どもを巻き添えにするな」「お前がやっていることは、拉致だ、誘拐だ、犯罪だ」、「子どもだけでも戻せ」、「今から警察に行くぞ」。矢継ぎ早にメッセージを送り、留守番電話にも一晩中吹き込んだ。

そういえば、実家に行ったのかもしれない。

妻の実家に電話をしてみる。これまた誰も出ない。もしかして、グルか。そうに違いない。あの両親が妻をけしかけて、俺の子どもを奪おうとしたんだ。妻の実家にも繰り返し電話して、「警察に相談しますよ」とメッセージを残す。そのうちに、留守番電話にもならない。コードを外したのかもしれない。やはりグルなんだ。

翌日、最寄りの警察署に相談に行く。誘拐だから捜査してくれ、被害届を出したいと申し出た。ところが、警察官から、「Bさんから、以前からDVの相談を受けてきた」と渋られた。行方不明者届も受理しない、というのだ。妻が周到に準備したんだ、やられた！

まずは、落ち着いてください。驚愕《きょうがく》する気持ちもわかります。しかし、動揺する気持ちのままにメッセージや電話を残したら、妻、子ども、そしてご実家ほか周囲の人たちの不安や恐怖をますます高めるだけです。
動揺し興奮するままに、帰ってきてほしい、愛している、やり直そう…といった懇願《こんがん》するメッセージを送ったかと思えば、子どもを戻せといった命令口調、犯罪だぞと脅す文句を送ってしまう。涙声、上ずった声、罵声の留守番電話。「非常事態」に気持ちの浮き沈みが多少あるのは当然です。しかし、あまりに過度に感情をアップダウンさせている人と、冷静に話ができるとは思えないものです。激昂《げつこう》している人との話し合いなど無理、むしろ危険です。

実際、女性が別れを切り出した後こそ、暴力の危険が高くなると指摘されています。たとえば、アメリカで発表されたＤＶ殺人の調査結果によると、被害女性の主導で別れた後、すでに別れて住んでいるときに女性が殺される確率が特に高い、ということがわかっているそうです。また、女性がＤＶ加害者と別れる前後は、性暴力の被害に関しても危険な時期という研究成果もあるそうです。[17] このような研究成果を知らなくても、暴力をふるう夫に別れたいと告げたらどれほど怒りひどい目に遭わされるかと直感的に心配する被害者は少なくないでしょう。それでも意を決して家を出てきた妻は、夫が激昂したり、感情を不安定にアップダウンさせていたりすることがわかるメールを受け取ったり、留守番電話を聞いたりすれば、恐怖を感じずにはいられないでしょう。

とはいえ、妻の父母や友人には暴力をふるったことはないし、怯えることもないだろう。連絡を取り次いでくれてもいいのではないか。そう思っているのは、本人だけです。妻を自分の思いどおりにしたい人にとって、妻を支え、助言をする妻の父母や友人は、「余計なことをふきこむ」邪魔な存在でありがちです。第２章で説明したとおり、交遊関係を制限・監視するのもＤＶの一種であり、妻に実家とのつきあいや友人とのつきあいをやめさせようとしてきた加害者は少なくありません。

それは、自分の思いどおりに妻を操《あやつ》りたくても、彼ら彼女らが余計な茶々《ちゃちゃ》をいれれば思いどおりにいかないから、ではないでしょうか。そのように、前から不快に思っていた実家などを妻が頼ったのではないか、と考え込んでいるうちに妄想が広がり、「妻の実家が妻を操っているのだ！」「間違いない！」と思いこんで、実家こそ「悪の権化」とみなしてしまう。

そして、妻の実家こそ「こらしめねば…」と「復讐心」を燃やす…。そうなると、これまた大変危険です。前からあからさまに「遠ざけよう遠ざけよう」という気配を察していて、自分たちが嫌われているとわかっていた妻の父母は、事情を知っていれば知っているほど、興奮気味の留守番電話に困惑、いや怯えるのも当然です。

私は、弁護士として、DVを受けてきた相談者が、「別居したくても、実家に彼が押し掛けたりして迷惑をかけるのではないかと心配で、決意できない」というのも何度も聞いてきました。そんなことはありえないから、心配する必要はないです、と安心させてあげたいのですが、そう安易に「保証」できないのが辛いところです。

たとえば、２００９年７月に千葉市で母親（61歳）が次女の元交際相手の男に牛刀で首を切られて死亡するという事件が発生しました。次女は交際中に男から暴力を受けていました。２０１１年12月には、長崎県西海《さいかい》市で母親（56歳）と祖母（77歳）が三女の元交際相手の男に刺殺されました。２０１２年７月には愛知県小牧《こまき》市で、母親（43歳）と長女（19歳）が長女の元交際相手の男に果物ナイフで胸などを刺され、殺害されました。このような痛ましい事件、すなわち別れようとした後に、被害者自身、さらには家族にも危害が及ぶケースが実際に相次いでいるのです。「自分がそんなことするはずないのに」と心外かもしれませんが、思い詰めて捨《す》て鉢《ばち》になり殺人まで起こしてしまう人がいるのも事実なので、怖がるのを「的外れ」と非難はできません。

ところで、未成年者略取誘拐罪で被害届を出したいといっても、受理されないことでしょう。警察官は被害届を受理しなければならないはずだ（犯罪捜査規範61条1項参照）と息巻いても、警察官が「DVを受けてきた妻が子どもたちを連れて出て行ったケース」、あるいはそこまで事情を知っていなくても「離婚関連らしい」と考えていれば、「法は家庭に入らず」、介入するまでもないと判断して、受理しないでしょう。後に離婚紛争になったときにも、警察にごり押ししようとした事実は、裁判官から、「法的に対処しようとした」とみなされるよりは、「不合理に騒いだ」という印象を持たれかねません。クールダウンして、冷静な対応をすることをおすすめします。

所在がわからない。いてもたってもいられないと、警察に行方不明者届を出そうとしても、これまた受理されません。いったいどういうことでしょうか。DV被害者が加害者からの追跡をおそれ、住所などを知られないようにするための支援措置に関する援助の申し出をした場合、援助の申し出を受けた警察署・警察本部は、加害者の住所を管轄する警察署に援助の申し出を受けていることを通知します。

その後、加害者が被害者と子どもの行方不明者届を出そうとしても、当該被害者と子どもは「行方不明者」に該当しないとして、届を受理しないことになっているのです。あるいは、既に行方不明者届を受理した後、被害者からの援助の申し出がされた場合、行方不明者届についての登録及び手配を解除することになっています。

ではどうすればいいのでしょうか？　Bさんの場合、「○○弁護士に頼むことにした」という置手紙を残してくれました。その後、○○弁護士から通知が間もなく来るはずです。その後、○○弁護士と話をしてみればいいのです。通知を待ちきれなければ、○○弁護士をwebで検索して法律事務所の連絡先を探し出し、「妻が○○弁護士に頼むといっていましたが、間違いないでしょうか」と連絡してもいいでしょう。Bさんのように、連絡先となる弁護士名を知らせる置手紙もなかった場合には、やむを得ず、ご実家などに心配だと安否を教えていただく連絡をするか、シンプルなお手紙を書いてもいいでしょう。なお、いくら動揺していても、罵《ののし》ったり大声をあげたりといったことは控えてください。

あるいは、どうしても動揺して落ち着かない場合には、委任するかどうかはさておき、今後の対処方法などを弁護士に相談にいき、冷静な助言を得てクールダウンすることをおすすめします。

代理人を通してではなく、直接話し合いたい

さて、Aさんのもとに、弁護士からの通知が届きました。

「私は、Bさんから、貴殿に対する婚姻費用や離婚等請求について、委任を受けました。以後、本件については、Bさん及びBさんの親族等に直接連絡することなく、私に連絡をお願いいたします。なお、早々に○○家庭裁判所に、調停を申し立てる予定ですが、離婚に応じていただけるのであれば、その旨ご連絡いただきたく、よろしくお願い申し上げます」

ですます調だが、なんと感じが悪い慇懃《いんぎん》な文章だろうか、とAさんはかちんとくる。

そういえば、弁護士も人数が多くなり、稼ぎが少なくて困っているとも聞く。「悪徳弁護士」と検索してみたら、出るわ出るわ、世の中には、悪徳弁護士に困っている人がたくさんいるらしい。この弁護士もきっとそうに違いない。

金もうけのために、妻をそそのかし、離婚するよう仕向けたのだ。妻の両親もグルで、きっと弁護士費用も、妻の両親が払ったに違いない。

こんな悪徳弁護士を介《かい》して話すわけにいかない。

直接、妻と話したい。この代理人が何を言っても知るものか。

弁護士は、あくまでも代理人。当事者ご本人から依頼を受けて、その請求、主張を代弁するだけです。ところが、今まで被害者を思いどおりに従わせてきた人にとって、被害者が自分の言うことを聞かなくなるなんて信じがたいこと。そこで、被害者は親、そして弁護士に「そそのかされて」いるんだ、と思いこむ人がいます。弁護士は何のためにそんなことをするのか？　お金のために決まっている、悪徳弁護士だ！　と決めつけます。いえいえ、ご本人の請求を実現するために、相当な対価（ときには、時間や危険からするととても見合わないような対価）をいただいて、仕事をしているだけです。

「そそのかす」弁護士を介してなどいられるか、「直接」本人と話したい、そうでなければ、妻が離婚したいと言っていることなど信じない、まずは直接会う、それからだ、と言い募る人がいます。言い募るだけでなく、妻に直接メールしたり、電話したりするのをやめない。あるいは、妻が身を寄せる実家、妻の勤務先に押しかけてしまう人も。

弁護士を頼んだのは、妻。弁護士の口から出るのは、妻からの請求。弁護士が勝手に主張しているのではない。そのことを、しっかり認識してください。

代理人を通してほしいという申し出を無視して、直接メールや電話を続けたり、あろうことか実家や勤務先に押しかけたりしたら、「社会常識を守れない、やはり危険な人」と再確認されてしまいます。後のち、調停や裁判になったときも、代理人を無視した行動をしたと、裁判官に、「同居中もきっとルールを守らない、強引なことを繰り返していたのだろう」という印象を抱かせかねません。

妻が、あるいは、妻の実家の誰かが会ってくれた、となっても、喜ばないように。執拗《しつよう》に押しかけられて、困惑したから、かもしれません。そのときに非常に怖い思いをした、などと、あとで主張される可能性もあります。

あるいは、妻が身を寄せている実家に押しかけてしまったら、１１０番通報されて、場合によっては、住居侵入罪、不退去罪、強要罪として逮捕されかねません。

実際、会ったところで、「納得」などできないものなのです。「本人の口から本当に『離婚したい』と言われたら、離婚を前提に考える」と夫が言うので、怖いけれども、会ってみた妻がいました。それで応じてくれるなら、調停や裁判を続けて長くかかるよりもいい、と。ところが、せっかく勇気を振り絞って、直接対面し、「離婚したい」と言ったのに、夫はまったく納得せず、妻の過去の言動をあげつらって責め立てました。結局、「話し合い」にはならず、その後妻はストレスからしばらく下痢や不眠に苦しむことになりました。

どうでしょう、妻の口からきちんと「離婚したい」と言われても、結局「弁護士に・実家にそのかされているんだ！」と決めつけ、信じられないのではないでしょうか。自分の思うままだった妻が自分に「歯向かい」、離婚したいと言い出すなんて、信じたくない。そうではありませんか。

ところで、ＤＶを受けてきた相談者が、「とても離婚はできないと諦めています」ということがあります。どうしてか聞いてみると、夫から「俺は法学部出身だ」、「親戚に裁判官がいる。俺が有利になることなんて簡単だ」などと言われてきた、ということが実に多い。法学部出身とか、法律に詳しいとか、親戚に法曹関係者がいるとか。そんなことを相手方が言っていると耳にタコができるほど聞いてきましたが、弁護士である私からすると、聞くたびに目が点になります。多少の知識の有無《うむ》や法曹関係者の親戚や知人の有無で、離婚請求の帰《き》趨《すう》が左右されるわけはない、とわかっているからです。しかし、「お前みたいな専業主婦・お前みたいな病人・お前みたいな○○の言うことなど、誰も真《ま》に受けない」と繰り返し言われ、自信をなくしている妻たちは、「弁が立つ夫の言うことこそ本当だと裁判官に思われ、私には勝ち目はないのでは」と離婚を諦めがちです。まさに、自信をなくし、決断ができなくなっているという、ＤＶの被害のあらわれです。「自信たっぷり、見下した態度」の底が浅いことは、ＤＶに恐れをなしている被害者以外の人には、バレます。被害者の代理人にも、裁判所にも通用しません。交渉や調停・裁判でもそんな態度を続けていたら、「横柄な夫だった」ということをむしろ自ら示してしまっていることになるでしょう。

反省したと言っているのに…

離れてみて、自分にとって妻と子どもがいかに大切な存在かがわかった。妻の両親に土下座した。妻あての手紙も託《たく》した。妻がそんなに傷ついていたなんて知らなかった。反省した。やり直したい。一度だけでいい。「お試し」期間がほしい。俺が生まれ変わったことを知ってほしい。子どもたちのためにも、両親が揃っていたほうがいい。

今は本気で反省しているかもしれません。心をこめて書いた手紙に、妻も揺り動かされるかもしれません。子どももいるのだから、両親一緒に育てたほうがいいに決まっている、と妻自身も思いこんでいる場合もあります。第2章で説明したとおり、父母間でＤＶがある場合、子どもにも深刻な影響があるのですが。

妻の両親も、涙ながらに反省の言葉を述べる夫が気の毒になるかもしれません。妻が「心配をかけたくない」とあまり両親に相談してこなかったこともよくあります。事情を知らない場合は、なおさら、妻の両親も「孫もいるのだから、離婚など踏みとどまって、修復できないものか」と妻を諭《さと》すことがあります。

別居直後で生活もまだ不安定。仕事や収入のあてもない。子どもも転校先になじめず、元の学校へ戻りたい、などと言っていたら…。ひょっとしたら、妻は「戻ってみよう」と思い返すかもしれません。

ＤＶをふるった夫のもとへ戻る妻も、皆無ではありません。念のため、「今までしたことを反省します。暴力を二度とふるいません。生活費をきちんと渡します」といった「誓約書」を書いてもらうなどして、それでめでたしめでたし…となるケースも中にはあるのかもしれません。もっとも、「誓約書」の内容をめぐってもめることもあります。「そんなことしていない」とか「確かに殴ったけど、それはお前があれこれ言い返してきたからだから、お前も『ひどいことを言わないことを誓う』と書け」など…。暴力は悪くない、自分にばかり非があるのではない…。全然、反省していませんね。その後が危ぶまれます。

しかし、私のような弁護士のところにまで、ＤＶが原因で離婚をしたいといらした相談者の中で、「先生、離婚しないことにして、ひとまず彼のところに戻ります」と戻る人はほとんどいません。弁護士への相談はまだハードルが高く、強く離婚を決意してからようやくいらっしゃるかもしれません。夫のもとへ戻った妻も少数ながらいましたが、しばらく後で、「やはり彼は変わりませんでした」と再び相談にいらっしゃったりします。

本当に戻ってきてくれたら、妻を尊重できるのでしょうか。「俺ばっかり働いている」、「俺のほうが疲れている」「俺こそ傷ついている」「いたわりが足りない」と、相変わらず自分中心で考えていませんか。別居し離婚しようとした妻に、うっすらと「騒ぎを起こしやがって」、「恥をかかせやがって」と感じているところもあるのではないでしょうか。

妻がなぜ出て行ったのか、そこまで悩ませ苦しませたのは自分だ、ということに、納得がいっていないなら、まだ、「変わった」「反省した」とは言えないでしょう。今後の生活のために、取り決めを交わしましょうと提案されただけで、「生意気な」とかちんとくる。収入を妻に知らせ、支出の相談をすることなどの取り決めの案にも、むっとする。そんなことでは、同居を再開しても妻を対等なパートナーとして尊重する姿勢はまだまだなさそうです。対等とみなしていなければ、やはり、妻を傷つけることを何とも思わず、暴力をふるう危険はある、と言わざるをえません。

私の経験上は、離婚を決意し弁護士に委任したＤＶ被害者は、たとえ夫が修復を懇願しても、今まで反省するチャンスは何度も与えてきた、もう信じられないと、戻ろうとしません。「実家で土下座」などのふるまい自体、「感情のアップダウンが激しいままだ」、「派手なパフォーマンスのあとの揺り戻しが怖い」と思うようです。

「子どもたちのために両親が揃《そろ》っていた方がいい」と思って、ずっと耐えてきた被害者は多いのです。しかし、第2章で見たようなさまざまな影響が子どもにも現われていることを直視し、子どものためにこそ離婚しようと決意して、ようやく別居したのです。その妻に、「子どもたちのために」修復を、という文句はもはや通用しません。

保護命令を申し立てられた!

反省の気持ちを直接伝えたいと、妻の携帯に繰り返し連絡しても、ダメ。パート先にも行ってみたが、門前払い。実家にも何度も足を運び、言伝《ことづて》を頼んだ。妻の両親の態度があまりに冷淡なので、つい怒鳴ってしまった。

一所懸命修復の糸口を模索していたところ、地方裁判所から、妻の代理人名の保護命令の申立書副本と証拠が届いた。地方裁判所への呼出状もある。妻が怪我《けが》の写真や病院の診断書など準備していたとは知らなかった。「陳述書」を読むとあまりに一方的だ。前後のやりとりの説明がなく、いきなり暴力をふるわれたかのように書いてある。

確かに、手を出してしまったのは、悪かった。でも、俺にも言い分がある。

弁護士を頼もうかと思ったが、時間がないのでとりあえず自分で言い分を書いてみた。殴る前に彼女が言ったことを書けば、裁判官だって、俺がムッとしたことを無理もないとわかってくれるのではないか。その後、旅行だって行った。怖かったなんて嘘だ。離婚なんてしたくない。思いの丈《たけ》を書いた。

数十分、裁判官から質問された。まずまずだったと思う。しかし、発令された。妻だけではなく、妻が連れて行った子ども、妻の父母にも6カ月間接近するな、電話などをするな、2カ月間自宅を退去しろ、というものだ。

なぜだ。

保護命令は、被害者の生命又は身体に危害を加えられることを防ぐため、裁判所が、被害者の申立てにより、身体に対する暴力や生命・身体に対する脅迫を行なった配偶者に対し、一定期間被害者や被害者の子・親族等へのつきまとい等の禁止（接近禁止命令）、被害者へ電

話等の禁止、被害者とともに生活の本拠地としている住居から2カ月間退去することを命じる裁判です（DV防止法10条）。

被害者への接近禁止命令と退去命令の要件は、①（元）配偶者から身体に対する暴力又は生命等に対する脅迫を受けた被害者による申立てであること（DV防止法10条1項）、②（身体に対する暴力を受けた被害者の場合）更なる身体に対する暴力により、その生命又は身体に重大な危害を受ける恐れが大きいこと、（生命等に対する脅迫を受けた被害者の場合）配偶者から受ける身体に対する暴力によりその生命又は身体に重大な危害を受ける恐れが大きいこと（同項）、③配偶者暴力相談支援センター又は警察の職員に相談したり援助若しくは保護を求めたりした事実があること（同法12条1項5号）です。

子への接近禁止命令（DV防止法10条3項）、親族等への接近禁止命令（同条4項）、電話等禁止命令（同条2項）は、被害者への接近禁止命令の実効性を確保するためのもので、被害者への接近禁止命令の要件を充たしていること（同時に申し立て、同時に発令されることが多いです）がまず必要です。さらに、子への接近禁止命令については、次のように定められています。子が未成年で被害者と同居していること、被害者がその子に関して配偶者と直接会わざるを得ないことを防止するため必要があること、が要件となります。親族等への接近禁止命令の要件は、配偶者が被害者の親族などの住居に押しかけて著しく粗野または乱暴な行動を行なっていることやその他の事情で、被害者がその親族などに関して配偶者と面会せざるを得ないことを防止するために必要があることなどです。

さて、暴力の事実はあったけれども、自分にも言い分がある。暴力に至る経緯の詳細を語り、弁解したいし、何より離婚したくない。思いとどまってほしい。そんな思いの丈を書いても、保護命令の要件の認定にはほぼ影響しないと思われます。すなわち、ＤＶ防止法上の条文上、「ただし、身体に対する暴力又は生命等に対する脅迫に相当な理由がある場合では、この限りでない」といった記載はありません。どんな理由があっても、過去の「身体に対する脅迫又は生命等に対する脅迫の事実」があれば、理由を言えばその要件がないことになる、ということはないのです。

さらに、パート先やご実家にも行ってしまったとか、実家に押しかけて妻の両親に怒鳴ってしまったとか、怒鳴ったりはしていなくても、復縁を願い、妻への面会を求めたとか、繰り返し電話やメールをしたとか、それらの事実は、復縁の願いが満たされなければ、「さらなる暴力の恐れ」があると感じさせることになります。

同居中の暴力を裏付ける診断書や怪我の箇所を撮影した写真、恨みつらみを書いた別居後のメール、着信履歴などの証拠が揃っていれば、保護命令が発令されるのも不思議はないのです。

反省した、と裁判所で号泣しても（実際、私の経験上そうした相手方も一人や二人ではないです）、それはそのときの激情。かえって激しく感情が揺れ動くさまは、裁判所にも不安定で危うい精神状態を印象づけます。もっとも、楽観的に「相手方が反省した、もうやらないと言っているから、取り下げますか」と被害者である申立人に確認した裁判官もいないではないです。ですが、裁判官の前で「反省しています」と言わない人のほうが珍しいので、そんなことを勧める裁判官は少いです。被害者が取り下げなければ、発令されるはずです。

暴力はどんな経緯があっても正当化されません。うだうだと弁解すればするほど、「暴力を反省しない人」という証拠になりかねません。暴力を正当化するような反論は控えたほうがいいでしょう。もちろん、暴力をふるっていないとか、「はるか昔に一度叩いてしまったが、その後は暴力をふるってない」といった反論は、発令の要件にかかわる事実です（「はるか昔」と言えるかどうかの評価は微妙でしょうが）。反論は的を射たものにまとめましょう。

なお、２０１３年の改正により、生活の本拠を共にする交際をする関係にある相手からの暴力とその被害者についても、ＤＶ防止法の規定が準用されることになりました（28条の

２)。

さて、保護命令が発令され確定したにもかかわらず、「ちょっとくらいならかまわないだろう」と妻の職場などに押しかけてしまう、なんてことは絶対に止めてください。保護命令違反罪として立件されれば、１年以下の懲役又は１００万円以下の罰金に処せられてしまいます（ＤＶ防止法29条）。特に、退去命令（同法10条1項2号）は、発令までぼけっと何もしないでいると、荷物を取りに行くだけで違反になってしまうので、注意が必要です。発令前に発令を予想して、退去命令の効力がある期間に滞在する場所を確保し、荷物を運び出しておく必要があります。

真摯《しんし》に反省すること、そしてそれを妻にわかってもらうことは、とても難しいです。各地で、加害者更生プログラム（１８５頁のコラム参照）が実施されています。保護命令の相手方や離婚事件の相手方がその受講証を「さらなる暴力の恐れがないこと」の証拠として提出することもあります。しかし、それで本当に「さらなる暴力の恐れがないこと」の裏づけとなると言えるかどうか、心もとないものです。

こんな僕がストーカー？

第1章で取り上げたAさんとBさんの間には、婚姻中に身体的暴力がありました。しかし、中には、婚姻中は身体的暴力がなかったけれども、離婚後に身体的暴力が発生する事案もあります。その場合も保護命令を申し立てられたりするのでしょうか。いいえ、保護命令を申し立てることはできません。しかし、ストーカー行為等の規制に関する法律（ストーカー規制法）上の手段を利用することはありえます。どういうことでしょうか。具体例を考えてみましょう。

結婚していたとき、一度も暴力をふるったことはなかった。性格の不一致で、円満離婚。ところが、別れた妻は子どもの保育園で知り合った他の子のパパとつき合い出して、再婚するかもと言い出した。もしかしたら、離婚する前からつき合っていたのではないか。騙《だま》されたのかもしれない。裏切られたのだ。許せない。

謝ってほしいと、何度もメールしたが、返信がない。つっけんどんに「電話しないで」と言われた後、電話にも出ない。夜中に自宅に押しかけ、どんどんノックしても、ドアを開けない。「お母さんは裏切り者だ、売女《ばいた》だ！」と子どもに聞こえるように叫ん

ストーカー規制法２条１項

一　つきまとい、待ち伏せし、進路に立ちふさがり、住居、勤務先、学校その他その通常所在する場所（以下「住居等」という。）の付近において見張りをし、又は住居等に押し掛けること。
二　その行動を監視していると思わせるような事項を告げ、又はその知り得る状態に置くこと。
三　面会、交際その他の義務のないことを行うことを要求すること。
四　著しく粗野又は乱暴な言動をすること。
五　電話をかけて何も告げず、又は拒まれたにもかかわらず、連続して、電話をかけ、ファクシミリ装置を用いて送信し、若しくは電子メールを送信すること。
六　汚物、動物の死体その他の著しく不快又は嫌悪の情を催させるような物を送付し、又はその知り得る状態に置くこと。
七　その名誉を害する事項を告げ、又はその知り得る状態に置くこと。
八　その性的羞恥心を害する事項を告げ若しくはその知り得る状態に置き、又はその性的羞恥心を害する文書、図画その他の物を送付し若しくはその知り得る状態に置くこと。

でみた。隣近所も聞こえるだろう。恥をかけばいい。ようやく外に出てきた元妻の肩を揺さぶり、殴った。

他にどんなことをしてこらしめようか、と考えていたら、警察から呼び出され、「警告書」を渡された。なんだって。あいつが悪いのに、僕がストーカー扱い⁉


はい、不本意かもしれませんが、まさしくストーカー規制法で規制される行為をしています。ですから、同法の「警告」を受けるのはやむを得ません。

ところで、なぜ前妻は保護命令を申し立てなかったのでしょう。DV防止法の保護命令の要件（120ページ以下）を復習してください。保護命令を申し立てられるのは、婚姻中に配偶者から身体に対する暴力又は生命・身体に対する脅迫を受けた者に限られています。暴力をふるわれたり脅迫されたりした後に離婚した場合でも申立てはできます。しかし、婚姻中は、配偶者から身体に対する暴力を受けず、離婚後にはじめて暴力をふるわれた、というこのケースのような場合には、要件に該当せず、保護命令の申立てはできないのです（申し立てても、却下されます）。

一方、ストーカー規制法は、「何人も、つきまとい等をして」とあるように、配偶者に限定しておらず、暴力・脅迫の時期のみならず有無も関係ありません。恋愛感情や好意の感情、又はそれが満たされなかったことによる恨みの感情を満たすために、つきまとい・待ち伏せ・押し掛け、大声で暴言を吐く等の乱暴な言動その他（ストーカー規制法 2条1項、125頁参照）を「つきまとい等」と言います。警察署長等は、つきまとい等をされたとして警告を求める旨の申し出を受けた場合において、つきまとい等があり、かつ、繰り返しその行為がなされる恐れがあると認めるときは、つきまとい等をした者に対し、繰り返しその行為をしてはならないことを警告することができます（ストーカー規制法4条）。「ストーカー行為」とは、同一の者に対し、つきまとい等を反復して行なうことをいいます（同法2条2項）。

警告に違反しさらにつきまとい等をしたらどうなるのでしょうか。その場合はさらに反復してつきまとい等が行なわれる恐れがあるときは、都道府県公安委員会が聴聞を行なった上、禁止命令を発します（同法5条）。禁止命令等に違反してストーカー行為をした者には、1年以下の懲役又は100万円以下の罰金に処せられます（ストーカー規制14条）。なお、ストーカー行為をした者についての罰則は、6月以下の懲役又は50万円以下の罰金です（同法13条）。

このケースの場合、揺さぶり、殴ってもいます。これは、暴行罪（刑法２０８条）にあたります。痣や傷ができたら、傷害罪（刑法２０４条）にあたります。

おおげさと思われるかもしれませんが、決してそんなことはありません。確かに、（元）夫婦間の事件について、昔は警察は「法は家庭に入らず」という法諺《ほうげん》のもと、介入を差し控える傾向があったと言われます。しかし、恋愛感情などのもつれによるＤＶやストーカー事案で深刻な被害が発生し、警察の対応が問題になるにつれ、より積極的な対応をするようになってきています。

２０１１年12月に長崎で元交際相手の男が三女の母親と祖母を刺殺した事件（１０８ページ）後、三女が事件の発生前に傷害の診断書を持参して千葉県習志野警察署に被害申告しましたが、迅速《じんそく》な対応がなされず、担当した刑事課や生活安全課の署員らが慰安旅行に出かけてしまったことなどが報じられ、警察は大変批判を受けました。その後２０１３年12月６日警察庁生活安全局長・刑事局長は連名で通達を出し、「恋愛感情等のもつれに起因する暴力的事案」の特徴は、警察が認知した時点では比較的軽微《けいび》な罪状しか認められなくても、事態が急展開して重大事件に発生する恐れが大きいことなどを指摘し、対応にあたっては、加害者が被害者等に危害を加えることが物理的に不可能な状況を速やかに作り上げ、被害者等の安全を確保することが最優先となるとの基本的考え方を掲げた上で、諸々の具体的な指示をしました。

新聞で大きく取り上げるような、凶悪犯罪など自分がするわけない。心外である。そう思っても、凶悪な犯行に及んだ人たちも最初から凶悪犯罪を重ねていたわけではありません。そのため、「比較的軽微な罪状」から警戒しなければならないことがようやく周知されてきたのです。つきまとい等をやめろと警告書を渡され、ストーカー行為の禁止命令を出されたりしたときは、不本意かもしれませんが、恨み、被害感情の赴くままに行動しないようにしてください。いいえ、警告書や禁止命令が出される前から、控えることをおすすめします。

荷物を取りに行きたい、だって？

第１章のケースに戻りましょう。Ｂさんが夏に出て行ってから数カ月経ち、秋になってきました。Ｂさんの代理人から、Ａさんに、Ｂさんが自分と子どもたちの冬服を取りに行きたいと言っていると連絡がありました。Ａさんとしては…。

——勝手に出て行ったくせに。

俺がいないときに、家を荒らされるのは困る。俺がいるときに来るならいい。そう代理人を介して伝えたら、「怖いから立ち会わないでほしい」と返答があった。だったら、諦めればいいじゃないか。

DVがある夫婦間で、別居前に話し合いをした上、相手方の了解のもと、十分な時間をかけて荷物を運び出す、ということはほとんどありません。文字通り着のみ着のまま避難せざるを得なかった場合もありますし、通帳など大事なものだけようやく運び出せた程度のこともあります。暴力から避難した直後の生活はとても不自由です。

先ほど説明した通り、退去命令（DV防止法10条1項2号）は、被害者と配偶者が共に生活の本拠としている住居から、配偶者を2カ月間退去させて被害者を保護する命令です。諸外国の保護命令の中には、むしろ加害者が立ち入りを禁止されるか特定の部分のみ立ち入りが許され、被害者が自宅に住み続けることを可能にする占有命令もあります（イングランド・ウェールズ、フランス、ガーナ、インド）。しかし、日本では、被害者の「引っ越し準備期間」、すなわち身辺整理や転居先の確保などの準備作業のために、2カ月間に限定して加害者に退去を命じることができるにとどまります。なお、裁判所は、たとえば、「1週間」「1

カ月」で十分ではないかと判断して短縮して発令することはできません。退去命令を発令するなら、必ず「2カ月」となります。

さて、第1章のBさんは、身体的な暴力を過去にふるわれています。その証拠（診断書、写真）があれば、退去命令を申し立てれば、発令される可能性があります。退去命令が発令された後、Bさんは自宅に戻って、必要な荷物の運び出しを行なうことが可能になります。

もっとも、被害者が周到に証拠を準備しているとは限りません。なんとか家庭を維持しようと必死なとき、「証拠を残しておこう」と着々と準備してはいないことも多いものです。さらに、身体的暴力はなく、「殺すぞ」「骨の1本や2本砕いてやろうか」といった生命又は身体に対する脅迫も過去になかったか立証が難しい場合もあります（最近はLINEや携帯メールで脅迫の言葉があふれていてそれほど難しくなかったりもしますが）。

退去命令が発令される見込みが薄いなどの場合、手続き外で、荷物を取りに行きたい、でも遭遇したくないので、その時間、不在にしてくれないか、と要請される場合があります。自分が不在にしているときに、妻に自宅に入られて、物を取って行かれる…。気分が良くないかもしれません。

そもそも、別居などしなければいい、戻ってきてほしい。荷物を取りにくることを認めれば、別居を是認《ぜにん》することになるなら、認めたくない。そんな思いもあるかもしれません。でも、あなたの生活に必要でもない妻子の洋服などでも取りに来てはいけないというのは、「嫌がらせ」と受けとめられても仕方ないのではないでしょうか。実際、別居中においても、夫婦間には原則として協力・扶助義務があり（民法752条）、この協力・扶助義務のひとつとして、別居中の夫婦の一方が他方に、衣類や日用品などの引渡しを求めた場合、他方は自分の生活に必要でない限りこれに応じる義務があるとする判断もあります。[18]

自分がいるときなら、来てもいい…？　でも、妻があなたを恐れているのをわかっているのに、「自分がいるときなら」と言い張るのも、やはり、嫌がらせと思われても仕方ないのではないでしょうか。「やり直したい。戻ってきてくれ」と言っているなら、なおさら、「嫌がらせ」をしていると思われるのは、まずいでしょう。

でも、確かに、いない間に、何を持っていかれるかわからない、と心配になるなら（そのように心配していること自体、もうあなたのほうからも妻を信頼していないということが示唆《しさ》されてしまいますが…）、何を持っていくのか、事前にリストアップしてもらうのはどうでしょう。もちろん、「長女の長袖でTシャツ（紺色）1枚、トレーナー（ピンク地、ワンポイントあり）1枚…」といった細々したリストを要求するのは、無理があり、それまた「嫌がらせ」と思われても仕方ありません。「長女の洋服類、長男の文房具類、妻の本」といったざっくりしたリストでもやむを得ないでしょう。

それでも、自分の不在中に家に立ち入られるのは心配。それなら、こちらにも代理人をつけているなら、代理人同士の立会いのもと、妻の荷物の運び出しを認める、ということでいかがでしょうか。

あるいは、自分で荷造りし、送料を負担してもいいなら、リストアップされたものをパッキングして、指定の場所に送付する、という方法もありえます。ただ、不足があると、「あれがない、これがない」とリクエストが続くことになります。一挙に妻自身に確認してもらい作業してもらうほうが、楽だしスムーズであることが多いように思います。

自分が決して使わないような妻子の物の引渡しに協力しないでいると、「なんで勝手に出て行った妻の要求に従わなければならないんだ！」という内心があからさまです。内心の思いはぐっとこらえて、協力することをおすすめします。のちのち調停や裁判になったときに、「離婚したくないと言いながら、あからさまに嫌がらせしている」という印象を抱かれるのも、得策ではありません。裁判所対策より何より、妻子の生活の不便がわかっているのですから、協力しましょう。

夫婦には「同居義務」があると聞いたけど？

Ａさんは納得いかない気持ちで、あれこれインターネットで検索してみました。そこで「同居義務」という言葉を見つけます。

夫婦間には同居義務があるらしい。夫婦だったら同居すべきだと、当然言えるはずだ。妻は同居義務に違反しているんだ。

確かに、民法７５２条には夫婦の同居義務が定められています。同居を求めて家庭裁判所に調停や審判を申し立てることもできます（家事事件手続法39条・２４４条・別表２・一）。

しかし、同居を約束する調停や同居を命じる審判が守られなくても、履行を強制する方法はありません。実際上、一方が意を決して別居したけれども、裁判所が命じるなら戻ります、そして夫婦円満に戻ります…という展開はほとんど期待できません。

同居を命じた審判もあります。原審[19]は、家を出た妻に対する夫の申立てを却下しましたが、その抗告審[20]は、夫側に「暴力等の非行はまったくなく」、妻が指摘する夫の身勝手な言動のエピソードも深刻な影響を生じさせるようなものではなく、夫も妻の希望を聞き入れるなど家庭が崩壊しないように努力してきたこと、1年を超えた別居期間（婚姻期間12年超）はそれほど長期に及んでいないこと、この事態の責任はむしろ自分本位にふるまってきた妻にあることから、原審を変更して同居を命じました。この判断を知ると、希望を抱くかもしれません。しかし、だからといって本当にこの妻が戻ったのか、後日談は不明です。戻らなかったとしても、強制執行はできず、夫ができることと言えば、同居命令に応じない妻に対してそれにより婚姻関係が破綻したとして離婚請求できることくらいでしょう。

同居請求を却下した審判もあります。夫の父の病院の送迎や子どもの世話によるストレスを、夫に伝えても話し合いとはならなかったことなどから別居した妻に対して、夫が同居義務の審判を申し立てた事案です。「同居義務は婚姻費用の分担義務などとは大きく異なり、義務を命じられた者が気持ちを変えて同居に応じる可能性がわずかでもあると認められることが必要であり、同居義務の審判は、同居を拒否する正当な理由があるかどうかを判断するのではなく、同居を拒んでいる夫婦の一方に気持ちを変える可能性がまったくないのであれば、同居を命ずる審判をすることは相当ではない」として、その事案では妻が気持ちを変える可能性はまったくないとして、却下しました。[21] 妻とは別の女性と同居している夫に対して妻が請求した事案では、「夫婦が互いの人格を傷つけ又は個人の尊厳を損なうような結果を招来する可能性が高いと認められる場合には、同居を命じるのは相当でない」として、本件ではその可能性が高いとして中立ては棄却されました。[22] また、不貞が原因で妻と別居した夫に対する妻の請求に関しても、同様に斥《しりぞ》けました。[23]

このように、別居に正当性があるかどうかにかかわらず、同居を命じることが人格を傷つけることなどを理由として、認められない事案もあることからすると、「もう絶対に帰らない、仮に同居を再開すれば暴力をふるわれる」と主張する妻への同居義務請求が認められる余地はほとんどないと思われます。

反省を示したら、帰って来てくれるかも…という淡い期待のもと、何らかのかたちで反省を伝え、戻ってきてくれないかと頼む程度ならともかく、同居請求の調停や審判を申し立てることまではおすすめしません。もちろん、個別の事案によっては申立てが適当なこともあるでしょうから、法律相談に行って確認してください。

「連れ去られた子どもを連れ戻す」は、NG

Aさんとしては、Bさんが子どもたちを連れて行ってしまったことにも納得がいきません。

勝手に子どもたちを連れ去られた。俺だって親権者だ。どうも、転校していないらしい。待ち伏せして、子どもを連れ戻そう。

———

子どもたちはモノではありません。奪われたら奪い返す。そんな簡単なセリフで子どもたちの環境が不安定になってしまったら、子どもは安心して生活できません。

でも、子どもを今までの環境から引きはがしたのはあっちだ！　こちらのほうに戻すべきではないか、と思うのであれば、実力行使するのではなく（「自力救済」と言われます）、法的な手段をとることを検討してください。すなわち、子の監護者指定・引渡しの調停ないし審判を申立て（家事事件手続法39条・別表第２・３、２４４条）、必要性などの要件を満たせば、審判前の保全処分（家事法１０９条3項）も併せて申し立てます。

子どもを連れて出て行った一方の親のもとから実力で子どもを奪い返した他方の親、あるいは、別居後の面会交流時に引き渡されたまま子どもを返さない親に、裁判所はおおむね厳しいです。そうした親の主張を認めてしまえば、子どもを奪ったもの勝ちとし、自力救済を促進してしまい、子どもの生活環境が安定しないからでしょう。

たとえば、父の浮気を疑い、母が子ども(2002年生)を連れて2004年に別居したところ、父より、子どもを父方祖母に会わせたいと強く懇願されたため、母が折れて承諾し父に子どもを渡したものの、翌日以降父が子どもを妻に引き渡すことを拒み、会わせもしないという事案があります。母は離婚調停の申立てのほか、監護者指定と子の引渡しを求める調停も申し立てました。裁判所は、母の監護権を侵害した違法状態を継続している父が、現在の安定した状態を主張することはとうてい許されないとして、監護者として母が相当としました。[24]

また、母が2004年11月、長男(1998年生)を連れて実家に行き、父と別居したところ、同月父は円満調停のほか、監護者指定及び審判前の保全処分を申し立てたにもかかわらず、同年12月、通園バスを待っていた子を待ち伏せしていた父と父方祖父母が強引に車に乗せて以後母に子を戻さない事案があります。母が監護者指定の審判及び審判前の保全処分、離婚調停を申し立てたところ、裁判所は監護者を父と定めた東京家裁の審判を取消し、監護者を母と定めました。[25]

この決定は、父と父方祖父母による長男の実力による奪取行為は、「調停委員等からの事前の警告に反して周到な計画の下に行われた極めて違法性の高い行為と言わざるを得ず、この実行為により事件本人に強い衝撃を与え、同人の心に傷をもたらしたものであることは推認するに難くない」とし、「監護者を父と定めることは、明らかな違法行為をあたかも追認することになるのであるから、そのようなことが許される場合は、特にそれをしなければ事件本人の福祉が害されることが明らかといえるような特段の状況が認められる場合に限られる」として、この案件についてその特段の事情は認められないとしたものです。

監護者として認められないだけではなく、第4章で説明するとおり、違法な連れ去りをしたとみなされると、親権者としての適格性にも疑義を持たれかねませんし、面会交流が禁止・制限されることにもなりかねません。後先考えない強引な行動により、子どもと会うことすら禁止されてしまったら、辛すぎますよね。はやる気持ちを抑えて、法律相談に赴き、賢明な手段をとるべきでしょう。

なお、監護者指定の判断において、必ずしもDVは重視されてはいません。どちらがそれまで実際に育ててきたのか（監護の継続性）、子どもの年齢、子どもを連れて出て行った経緯、子どもの意向などの総合判断のようです。

以前は、特に子どもが幼ければ、その養育は母親の責任であり、母親が子のそばを離れることは育児の責任を放棄することであり許されないとする考え方もあって、社会通念としても、母親が父親の同意を得ないまま連れ出したとしても、それが違法であるとは、必ずしも考えられてこなかったように思います。実際、父親がまったく育児に関与せずほぼ母親に全面的に委ねていた場合、母親はむしろ別居にあたり当然子どもを連れていかねばならない、と思っているものです。置いて行くと、育児放棄、ネグレクトになってしまいかねない場合があります。

しかし、現在、「イクメン」という言葉もよく聞くようになる一方、女性も共働きで育児のみならず仕事も頑張っていて、双方甲乙つけがたく育児に関わってきたと言える場合もあるでしょう。そのような場合でも、「どうせ母親が優先される。父親は不利だ」と思いこみ、落ち込んでいる男性相談者がいますが、母親優先というのはジェンダーバイアスだという認識は、家庭裁判所には定着してきたように思います。今では監護者の判断にあたり、母親か父親かがただちに重視されるということはありません。どちらが実際に世話をしてきたかなどの事情が重要です。具体的で客観的な証拠により裏付けることができれば、主張が認められる可能性もあります。ただし、いまだに母親のほうがもっぱら監護していることが多く、監護の継続性というジェンダー・ニュートラルな観点からしても、結局母親が主たる監護者だったと認められることが多いのですが。

ともあれ、あれこれ一人で悩んでいるのではなく、弁護士に相談して、監護者指定、引渡しの主張の見通しを冷静に判断しましょう。そもそも、子どもを引き取り監護することが実際可能なのかどうか、よく検討してください。本当は一人で育てるのは、仕事上時間的に無理だけれども、悔しいということを示したい、ということで主張しようとしていないか、勝負に負けたようになるのはいやだと思っているだけでないか。本当は定期的に子どもと会う程度が現実的だとわかっているし、それこそ望んでいることなのではないか。

監護者指定の紛争を始めてガンガン主張するよりも、穏当に面会交流の申し出をして、ルール作りをするほうが、早々に子どもと会えるかもしれません。

本当は何をしたいのか、どういうことが子どもに望ましいのか。よく考えて、弁護士と相談して、方針を決めてください。

預金を持ち出された、損害賠償請求したい

Aさんのように妻が日用品を買うのでもレシートをチェックした上でお金を渡すケースもありますが、中には、妻に夫名義の口座を家計の口座として管理させていることもあるでしょう。その場合に、別居にあたり、妻がある程度の金額を引き出したり、管理していた口座

の通帳や印鑑を持ち出したりする事態がありえます。たとえば…。

――妻に渡していた家計用の俺の預金口座にあった500万円から、妻が無断で250万円引き出して、別居した。ひどい。損害賠償請求したい。

別居の際に、当面の生活費などのために、妻が夫名義の財産を持ち出すことは実際珍しくありません。憤懣《ふんまん》やるかたないかもしれませんが、婚姻中稼いだ金額は「自分のもの」と妻と分かち合ってこなかったのなら、妻名義の財産はほとんど貯まっていないですよね。となると、妻にとっては、婚姻費用を請求するとしても、夫から渡されるのは、数カ月、いやひょっとすると金額に折り合いがつかなければ1年以上経ってからかもしれない。その間別居生活を成り立たせるためには、どうしても若干のお金が必要となります。

また、夫婦のどちらかの名義の財産であっても、婚姻中に夫婦が協力して形成した財産は実質的共有財産として財産分与の対象とされます。財産分与が認められる可能性がある範囲で持ち出しても、違法ではないのです。

妻が家を出るにあたって、夫名義の預金300万円の半分である150万円を妻名義の預金にして行方不明となった事案で、夫が妻に対して損害賠償請求したところ、判決は、妻は準共有者として2分の1の持分を主張しうるとして、請求を棄却しました。[26]

でも、自分の場合は、150万円どころではなく、250万円も取られたんだ、と思われるかもしれません。確かに大きな金額のような気がしますが、まだまだです。妻が夫名義の国債、現金、ゴルフ会員権を持ち出した事案（夫の請求によれば、国債と現金で2328万円）で、判決は、夫婦の一方が別居をする際に、実質的な夫婦共有財産の一部を持ち出したとしても、「その持ち出した財産が将来の財産分与として考えられる対象、範囲を著しく逸脱《いつだつ》するとか、他方を困惑させる等不当な目的をもって持ち出したなどの特段の事情がない限り違法性はなく、不法行為とならない」として、夫からの損害賠償請求を棄却しました。[27] 後のち、財産分与の際にどう分けるかを協議すればいいことなのです。

財産分与ではなく、婚姻費用（第4章参照）として調整してほしいと思うかもしれません。婚姻費用を請求する側もその調整方法がいいということなら、持ち出した金額を確定し、それを婚姻費用の数カ月分とみなす、などとすればいいでしょう。しかし、婚姻費用を請求する側が持ち出した金額がいくらか自体が争いになる場合も多く、その点を確定するには時間がかかってしまいます。そうすると、迅速《じんそく》に決定する必要がある婚姻費用の調停・審判が長期になりがちです。

そのため、別居時に夫婦の共有財産である預金等を婚姻費用を請求する側が勝手に引き出して持ち出した場合でも、持ち出した金員は基本的に財産分与の中で考慮されるべきことで、婚姻費用の算定においては考慮すべきでない、というのが家裁実務です。[28]

ところで、別居時に夫婦で築き上げた夫名義の預金を持ち出した妻からの婚姻費用分担請求について、[29]月7万円の婚姻費用を認めた原審[30]を取り消し、妻の請求を斥けた決定がありました。原審判がされた時点（2004年2月6日）で、妻は実質的共有財産である約550万円の預金を管理しており、夫も妻が預金を引出し生活費に充《あ》てることを容認しているのだから、さらに夫に対し婚姻費用の分担を命じるのは夫に酷な結果を招く、預金のうち住宅ローンの支払いに充てられる部分を除いた額の少なくとも2分の1は婚姻費用に充てるのが公平という説明でした。しかし、家裁実務の通常の扱いとは違うこの決定には、異論が多いです。このような処理はあまり想定しないほうが現実的かと思われます。

夫婦共有財産は離婚時に清算するとして、婚姻費用は財産の持ち出しとは別に決めるという通常の処理のほうが、分担する側としても、「後々婚姻費用はいくらと換算されるのか」とドキドキしないで済む、というメリットがあります。

協議離婚に応じると言っているのに

Ａさんのもとに、Ｂさんの代理人から、離婚のみならず諸々《もろもろ》の請求をするとの通知が届きました。

代理人から、「離婚、親権、養育費、財産分与、慰謝料を請求します。離婚が決まるまでは、婚姻費用を請求します」とつっけんどんな通知が届いた。勝手に出て行ったくせに、あれこれ請求してくるのか？　離婚してやろうじゃないか。「ひとまず、妻の署名押印入りの離婚届を送ってほしい。こっちで出しておく」と伝えた。しかし、妻の代理人から、「ほかの点も合意できてから、離婚とするのが相当と思われますので、調停を申し立てます。婚姻費用の分担についても、調停でお話し合いをさせていただきます」との返事が来た。なんだって？　離婚したいのはそっちじゃないか。

夫婦の双方に離婚意思（法律上の婚姻関係を解消する意思）があり、離婚届を出せば、協議離婚することができます（民法７６３条）。成年の証人二人（条文上は二人以上とありますが、届出用紙には二人分の署名押印欄しかありません）が署名押印した離婚届を市区町村役場に提

出すれば、離婚は完了します（民法764条による739条1項2項の準用）。世界的にみても超簡単な手続きです。簡単すぎるので、一方が他方の同意を得ないで離婚届を出すなんてことも起こり得ることから、離婚届を勝手に出されるかもと心配であれば、市区町村役場に不受理届を出せばよいことになっています（戸籍法27条の2・3項4号）。逆に言えばこんな手続きが必要なくらい、簡単に離婚届が受理されてしまうということですね。

ただし、未成年の子がいる場合にはどちらが親権者になるかを決めなければならず（民法819条1項）、届出にも記載しなければなりません（戸籍法77条2項）。ですから、まず親権者をどうするのかは決める必要があります。

親権もこだわらない、とっとと提出してくれ。そう急《せ》かしても、養育費や面会交流について話し合って決めなくてはなりません。2012年改正2012年施行の改正民法766条では、協議離婚にあたり、協議で定める「子の監護についての必要な事項」の具体例として、面会交流と養育費の分担が明示されました。それらの事項を定めるに当たっては、「子の利益を最も優先して考慮しなければならない」とも規定されています。この改正を受けて、離婚届に面会交流と養育費の取り決めの有無を記載するチェック欄が設けられました。この欄にチェックがなくても受理はされますが、子どもにとって大切な事項は離婚するに当たって話し合っておきたいものです。その点もまだ話し合っていないなら、「とっとと…」というのは、無理な話です。

親権、養育費、面会交流も決めた！　でも財産分与や慰謝料が合意できない。それらは後回しでいいではないか、と思われるかもしれません。確かに、夫婦の双方が「離婚を先に。金銭の取決めはあとで」ということならそれでＯＫでしょう。

しかし、請求する側から言えば、離婚してしまうと、養育費の請求はできても、婚姻費用（第４章参照。おおむね養育費より高い金額です）は請求できないですし、離婚してみてから、慰謝料と財産分与を請求してみたら、到底納得できる条件ではなく、「これだったら、しばらく婚姻費用をもらっておけばよかった」と思って、失望することもありえます。

婚姻費用がさほど見込めず、一人親家庭への公的な手当をもらうほうがいい、といった場合は、請求者側も早々に離婚に応じるでしょう。しかし、婚姻費用がもらえるなら、経済的にはじっくり協議して納得のできる条件で決着をつけられるまで、離婚届に判子をつかないことは、珍しくありません。

「金目当てか！」と腹立たしいでしょうか。むかっとする気持ちは人情としてはわかりますが、相手からすれば、今後の生活に不安もあるし、財産分与を請求するのも慰謝料を請求するのも、当然のことです。「金目当て」、はい、「お金」は大切なのです。なじってもしかたありません。早く離婚したいなら、子どものことをどうするか、親として誠実に協議する。分与すべき財産を確定してその財産を分与し、相当の慰謝料を払う。それに尽きます。

しかし、合意したくない。だとしたら、どうなるか。次章でご説明します。

第４章

裁判所に行くことになってしまったら

勝手に出て行ったのだから、生活費は自分で持ってほしい

日本では協議離婚が圧倒的です。厚生労働省人口動態統計よると、日本での2014年の離婚件数は、22万2107件。よく、「3組に1組が離婚する」などと言われますが、それは、同じ年の結婚件数を分母に、離婚件数を分子にして割り出したものでしょう。

たとえば、2014年の結婚件数は64万3749件ですから、「なるほど確かに」と合点しそうです。しかし、その年に結婚した夫婦がその年に離婚するものでもないのですから、婚姻件数と離婚件数を連動して計算したものが、「離婚率」と言えるのか疑問です。

それはともかく、離婚の中で、圧倒的に多いのが、協議離婚です（2014年で87・42%）。2014年で、調停離婚は9・84%、審判離婚は0・13%、和解離婚は1・49%、判決離婚は1・11%でした。まさか離婚なんて。それも、裁判所に行く必要が生じるなんて、と縁遠いように思えるかもしれませんが、万が一、ということがあります。本章では、調停になった場合の手続きを説明します。

Aさんは、Bさんの代理人から「婚姻費用」を請求されました。納得がいきません。

自分で勝手に出て行っておきながら、婚姻費用を払えと？　戻ってくればいいだけだ。なぜ払わなければいけないのだ？「勝手に出て行ったＢにお金を払うつもりはない。虫がよすぎる。僕を当てにしないでほしい。自分で生活できるのか、試して、冷静になればいい。弁護士費用を払えたのだから、余裕があるのでは」と代理人にＦＡＸした。

夫婦は、その資産、収入その他一切の事情を考慮して、婚姻から生ずる費用を分担します（民法７６０条）。「婚姻から生ずる費用」とは、夫婦間の未成熟子の生活費も含みます。なお、未成熟子とは、未成年子と同義ではなく、身体的・精神的・経済的に成熟に至る過程にあり、いまだ仕事をして稼ぐことが期待できず、扶養を受ける必要がある子を言います。たとえば、家庭裁判所の実務では、大学生であっても、父母の収入がある程度あり、父母も大学を卒業している家庭であれば、大学卒業までは「未成熟子」と扱うのが一般的です。

「勝手に出て行った」と腹立たしい場合でも、よほどの事情がない限り、おおむね収入が多いほう（義務者）が収入の低いほう（権利者）に婚姻費用の分担義務を負います。

家裁実務上、東京・大阪養育費等研究会による「簡易迅速な養育費等の算定を目指して―

養育費・婚姻費用の算定方式と算定表の提案」に掲載された算定方式・算定表を利用して婚姻費用と養育費を算定する扱いが定着しており、協議の際にもこれらを参考にして金額を決めることが多くなっているように思います。

算定方式・算定表に対しては、総収入のうちの基礎収入の割合が低いこと、職業費の割合が高いこと、公租公課や社会保険料改定などの上記「提案」公表後の変化が反映されていない、などの批判があります。私もその批判には頷くところが多いのですが、[31] 算定方式・算定表の登場により、確かに「簡易・迅速」に取り決めがなされるようにはなりました。婚姻費用も養育費も、請求者にとっては、迅速にもらえなければ、生活自体が成り立たないことすらあり、「簡易・迅速」な取り決めの促進には一定の意義があります（その反面、個々のケースの個別事情が反映されにくく、悩ましい面はあります）。

では、「勝手に出て行った」妻からの婚姻費用の分担の請求は、拒否できるのでしょうか。

裁判例では、「有責配偶者」（婚姻関係の破綻について専ら責任のある配偶者）からの請求であることが明確に認められない限り、請求の申立てを権利濫《らんよう》用として却下したり、減額したりすべきではないとされています。[32] この事案で、夫（抗告人）は、妻（相手方）が自ら望んで別居を強行し、「正当な理由なしに」夫との同居を拒否し続けたもので、別居してもやむをえないような事情など何もなく、妻の婚姻費用分担請求は権利の濫用として許されないと主張しました。しかし、高裁は、記録上、別居原因の全部又は大部分が妻にあるとは考えられないとして、夫は婚姻費用の分担義務を免《まぬか》れないとしたものとし、算定表の額を減額する特別の事情はないとしました。[33]

婚姻費用分担請求を権利濫用としてまったく認めない、あるいは減額する事案は、最近では、ほぼ請求者が不貞をした事案[34]に限られるようです。そして、不貞した配偶者からの請求であっても、子どもの監護費用相当分の支払いは認められています。[35]

Aさんにとって「勝手に出て行った」程度であるBさんについては婚姻費用分担義務が否定されるほど、あるいは算定表の金額を修正して減額するほど、「有責性」が明らかとは、とうてい言えません。

むしろ、Bさんが適切な「証拠」を出せれば、Aさんの暴力というべき言動があってBさんが別居に至ったと言えそうです。もっとも婚姻費用の審判ではその点をきっちり認定するまでもないのです。Bさんに不貞したなどの明白な有責性がないと言えればいいだけですから。なお、請求する側が暴力などを立証することにより、婚姻費用の金額が上乗せされることもありません。

「勝手に出て行ったから払わない」と言い続けることは、むしろAさんが「不合理で勝手な人」であるという印象を強めてしまいます。せっせと代理人に「抗議」のファックスをしたつもりが、「不合理で勝手な人」であるという「証拠」を手渡しているのと同じことになりかねません。

ではどうすればいいのでしょうか。せめて、算定表で算定される程度の金額は速やかに支払いましょう。離婚したい場合でも、離婚したくない場合でも、義務は果たすべきです。どちらの場合でも、誠意を示したほうがいいに決まっています。

多くの判断は、権利者が請求した時点（はっきり請求月が証明されない場合には、調停や審判の申立て時）を、婚姻費用分担義務の始期としています。[36]

Bさんは代理人を通じて婚姻費用分担の請求をしています。内容証明郵便でなくても、代理人は写しを取り、いつ請求したかを証明できるはずです。

粘りに粘って、請求された時点に遡《さかのぼ》ってまとめて未払い婚姻費用を払え、かつ今後も毎月払え、と裁判所に命じられてから支払うのは、かえって大変ではないでしょうか（審判が確定してからも払わなければ、給料などを差し押さえられてしまいかねません）。金額に折り合いがつかない期間でも、自分が相当と思う金額だけでも毎月払ったほうが、後のち自分にとっても負担が少なくて済みます。

婚姻費用を請求する妻が子どもたちの養育もしている場合、婚姻費用には子どものための費用も含まれているのは自明のこと。それでも、支払いを先送りにするとしたら、「妻子を大切に想っている」「修復したい」などと主張しても、白々しいと思われてしまいます。

私立に行かせる必要なんてない。学費は負担しない

Ａさんは、法律相談に行って、家裁実務上、「算定表」程度の婚姻費用は支払わなければいけないだろうと助言されました。そこで、しぶしぶ、算定表で算出された金額を支払う、とＢさんの代理人に返答したのですが、代理人からはそれでは足りないとの返事が戻ってきてしまいました。

仕方がない。では、算定表どおりの金額ならば支払うと応じることにした。ところが、代理人から、「長女の私立の学費分も考慮してほしい。長男の受験塾の料金も払い続けてほしい」と言われた。

私立小学校なんか、辞めればいい。受験もやめろ。

——算定表の金額以上、支払わない。

私立学校への進学にむしろ熱心だったのに、別居して婚姻費用を、あるいは離婚して養育費を支払わなければいけなくなった途端に、「別に私立に行かせたくはなかった。公立で十分。算定表以上の金額を払うつもりはない」と言い出す親は少なからずいます。

婚姻費用、養育費の金額について、算定表は、公立学校の学校教育費相当額を既《すで》に考慮していることになっています。これを超える私立学校の学費はどのように考えればいいのでしょうか。

裁判官たちの文献上、私学の学費（授業料・入学金・施設負担金等）については、義務者（婚姻費用や養育費を支払う義務のある者）が承諾していたかどうか、父母の学歴、職業、資産、収入、生活状況、居住地域の進学状況などを考慮して、義務者に負担させることが相当と認められる場合には、特別な事情があるものとして、算定表の金額に一部上乗せされるとあります。[37]

お受験塾はどうでしょうか。学習塾や習い事の費用は、育てている側が自分の判断と負担でやらせるものだ、と学校の費用に比べてトーンがぐっと下がっている文献[38]もあれば、子が受験期にあり、学習の必要性が高い場合には、双方の経済状況を考慮して、社会通念上相当と認められる金額ならば、義務者に分担させる余地はあるとする文献[39]もあります。私の経験上は、前者の考え方の裁判官が多いような印象があります。

別居後、「私立なんて行かせたくなかった。勝手に妻が行かせただけだ。私学分の学費なんて知るか」と言い出したとしても、同居中に既に私学に通わせていたなら、私学への進学を承諾していたとみなされるのが一般的だと思います。ましてや、Aさんのように、積極的であったなら、嬉々《きき》として受験の申し込みをしたり、率先していたことが、メールのやりとりなどの「証拠」で裏付けられそうです。当の子どもも、むしろ父に叱咤激励《しったげきれい》されてというか追いまくられていたという実感があれば、今さら「承諾していなかった、学費の面倒は見ない」と言っているらしいと知ってしまったら、失望することでしょう。もちろん、義務者が一方的に全額払えといった請求をのまなくてはいけない、ということではありません。権利者（婚姻費用や養育費の請求権がある者。この場合、Bさん）も応分の負担をしてくれ、と相談するのは当然です。

また、別居後相談もなく、「勝手に権利者が子どもを高額の授業料が必要な私立へ進学させた、だから払ってください」と言われても、そんなゆとりもない場合、「勝手を言わないでほしい」と言いたくなるのは、もっともな話です。

離婚後の養育費の請求の件ですが、親権者である母が無断で子を私立高校に進学させ、父に対して、進学月以降については、私学費用の分担も考慮した金額の請求をした事案（なお、上記の算定方式や算定表の公表以前のものです）があります。「父母が離婚している場合、親権者である母が未成年者に高等学校、あるいは大学等義務教育を越える教育をうけさせることを、費用負担者である父親に相談することなく一方的に決め、その費用を父親に請求することは当然には認められず、ただ、父親の資力、社会的地位などからみて、父親においての未成年者のため義務教育を越える教育費を負担することが相当と認められる場合においてのみ、親権者である母はその費用を父親に対し請求し得るというべきである」としました。その上で、当該事案については、私立学校進学について父親の同意を得ていなかったとはいえ、公立高校への進学は同意していたとして、高校入学に要した費用の一部を負担する義務があるとはしました。しかし、その子の上の子どもたち（長女次女）は公立高校を卒業していること、父の収入からみて、私立高校に進学させることはかなりの負担になること、父の意向を無視して母が私立高校に進学させたことなどを考慮して、公立高校に進学していた場合の入学費用の額を基準とするに留めました。[40]

ただ、同居しているなら払う気満々だったのに、別居したら途端に「負担したくない、公立に行け」と言い出したり、上記事案と違い上の姉や兄は当然のように私立に進学させたのに、下の子だけ突然「絶対公立！」と言い出すのも、いかにも婚姻費用・養育費を抑えたいという意向があらわで落ち着きが悪いのではないでしょうか。

家裁実務上、学校の学費と比べて加算についてはより厳しい扱いである塾の費用なども、「実務上厳しいなら、よし、払わないぞ」と決める前に、よく考えましょう。別居前は大盤振る舞いだったのに、別居した途端に締め上げる、というのは、子どもの目にはどう映るでしょうか。その点をまず念頭にして検討してください。もちろん、二重生活になって出費がかさみ、払いたくても払えない、のであれば、仕方がないのですが。

「相当額の財産分与」と住宅ローン

協議では解決せず、Bさんから離婚の調停を申し立てられました。夫婦関係調整調停申立事件の申立書の写しがAさんに届きました（家事事件手続法256条1項）。財産分与の欄にもチェックがあります。

調停中立書に「相手方は、中立人に対し、相当額の財産分与を支払う」とある。相当額とは？　大体、不動産のローンがのしかかっている。何でも半分というなら、ローンも半分負担してほしい。取るものは取るけど、負担はしない、そんなことは許されないだろう。

離婚に際して、夫婦の一方は相手方に対して、財産の分与を請求することができます。協議で解決できない場合には、家庭裁判所に協議に代わる処分を請求することができます（民法768条1項2項）。離婚後の場合は、独立した調停または審判として申し立てますが、離婚前は、夫婦関係調整調停中立事件（離婚）において付随事項として請求します。調停で解決せず離婚訴訟を提起する場合には、訴訟に附帯して申し立てます（人事訴訟法32条1項）。

財産分与の内容・基準は、「当事者双方がその協力によって得た財産の額その他一切の事情を考慮して、分与をさせるべきかどうか並びに分与の額及び方法を定める」と定められています（民法768条3項）。これだけではざっくりしていますが、名義が夫・妻のどちらになっているかを問わず、婚姻中（別居時点の財産を基準にすることが多いです）に夫婦が協力して得た財産を実質的に共有財産とみなした上、清算割合は原則2分の1とされています。

しかし、財産分与を請求する側が、調停の申立て時に他方の名義の財産の全部を把握していることのほうが、まれです。そのため、申立て時に「相当額」の財産分与を求めるとするだけで、金額を特定しなくてもＯＫなのです（家庭裁判所が用意している定型的な申立書書式には財産分与などについて「相当額」をチェックするボックスもあるくらいです）。

月々引落しになるローン、今後も自分ひとりの負担になるのか？　家族のために購入したのに、そんなことが許されていいのか？　「自分はほしくなかった」だって？　何を勝手なことを言っているんだ！　…と、かっかとしないでください。「家族のために」、「いや、ほしくなかった」などということは、実は財産分与には重要なことではありません。そんな脇にそれたところでお互いヒートアップして消耗《しょうもう》したくはないですね。

財産のひとつひとつを「半分」にしていくわけではなく、不動産のほか、現金・預金、株式などの有価証券、ゴルフ会員権、保険の解約返戻金、自動車などの動産などを合算して分与の額、方法を決めます。それでは複雑な場合など、不動産を別にして計算する場合もあります。合算して計算する場合、合算額から、住宅ローンや教育ローンなどの夫婦の生活のために負担した債務も、その名義にかかわらず清算の際に考慮されます。ギャンブルで浪費したためにかさんだ借金、個人的に第三者に同情して負ってしまった連帯債務などは差し引きません。

プラスの財産（積極資産）と、住宅ローンなど負債がある場合、プラスの財産から負債の総額を差し引いた残額に分与割合（原則は上述のとおり2分の1）を乗じて夫婦それぞれの取得額を算出し、それから各自の名義のプラスの財産及び負債を差し引いて、分与額を計算するのが一般的です。

ですから財産の詳細がわからないうちに、ローンだけまずは2分の1ずつ負担しろ、ということにはならないのです。

さて、双方の財産がプラスもマイナスも確定した、そして、合算して足して2で割ればプラスがある、となれば、それを2分の1とし、その金額から財産をもらえる側の財産を引いた額を分けることになります。

A：請求する側の資産・負債の合計額
B：請求される側の資産・負債の合計額
清算的財産分与の額＝（A＋B）÷2－A

たとえば、請求する側が100万円の預金があり、請求される側が200万円の預金、評価額3000万円でローンがまだ2000万円残っている不動産を持っているとしましょう。

すると、A：100万円
B：200万円＋3000万円－2000万円＝1200万円
（A＋B）÷2－A＝1300万円÷2－100万円＝550万円

ということで、清算的財産分与として550万円を請求することができます。

では、合算してみてもマイナスだ（A＋Bがマイナス）、となればどうすればいいのでしょう。プラスのときと同じく、計算式にいれて、マイナスを2分の1するのでは、と予想されるかもしれません。しかし一般的には、裁判実務でマイナスの財産、すなわち債務の負担が命じられることはありません。条文上明確な根拠がなく、仮に裁判所がマイナスの負担を一方当事者に命じたとしても、あくまで夫婦間の取り決めにすぎず、債権者には何ら関係ないことですから（債権者は契約上の債務者に請求するのみ）、理屈上いたしかたないところです。

また、そもそも、一般的に仕事をもち収入がある夫が単独で住宅ローンを負っている場合など、妻は専業主婦で収入がない、あるいはパート収入しかなかったりします。そのような場合に収入がない（乏しい）妻に債務を負わせる命令は相当ではないとも指摘されています。[41]

そんな馬鹿な、と言っても仕方ないのです。第1章に出てきたAさんだって、Bさんに仕事を辞めるよう言い含めてしまわず、共に仕事も育児家事も分担していこうとしていたら、Bさんはキャリアを断念せず、仕事を続け、ローンだって連帯債務として組むことも可能だったかもしれません。家事育児を担わず、仕事に邁進《まいしん》しているときは、何の問題も感じなかったのに、いざ離婚となり債務はどうなる、というときになって、お前も払え、というのは、無理な相談です。

まとめると、清算的財産分与というのは、不動産やローンだけではなく、その他の財産も相互に資料を開示しあって、取り決めするもの。負担だけ先行して分け合おう、というわけにはいきません。

さて、あえて「清算的」財産分与、と「清算的」を追加していることに気づかれたでしょうか。

財産分与には、①婚姻中に夫婦の協力で形成した財産の清算（清算的財産分与）、②離婚後の扶養（扶養的財産分与）、③離婚に伴う慰謝料（慰謝料的財産分与）が含まれると言われています。慰謝料を含めて財産分与の額及び方法を定めることができるとする判例もあります。[42]

とはいえ、私の経験上、慰謝料を請求するなら財産分与とは別に項目を立てています。実務上、それが一般的です。請求する側だと、一括して判断してもらえたほうが効率がよいようですが、請求される側としたら、「双方の名義の財産を足して2で割って…」と淡々と計算すればいい清算的財産分与なら仕方ないと思えても、「あなたが悪いことしたんだから慰謝料払え」というのでは、大分「ムッ」とする度合いも違いますよね。ともあれ、慰謝料はそれはそれで財産分与とは別項目で主張立証するのが通常です。

俺の財産なのに、「半分分けろ」と請求が⁉

結婚後もっぱら自分の収入で生計を立ててきた自負があるAさんにとって、蓄えた資産は自分だけのもの。それなのに、調停委員を介して、Bさんが「半分分与してほしい」と主張していると聞いて、驚きます。

なんとかやりくりをして俺名義の不動産を買い、俺が契約者、被保険者の生命保険も組み、俺名義の車も購入し、いくらかの預貯金もしてきた。妻はパートくらいしかせず、その収入も自分のお小遣いにしていた。家計にも資産を蓄えていくのにも、何も役に立ってない。それなのに、調停委員によれば、妻は俺名義の資産の半分を財産分与として請求すると言っているらしい。そんな馬鹿な。

ひょっとしたら、どこかに妻名義の財産を隠しているかもしれない。もしかしたら、俺のほうが請求する側なんじゃないか。

前節で既に説明した通り、どちらか一方の名義の財産だろうと、それが婚姻中（同居中）に夫婦で協力して得た財産を実質的に共有財産とみなして、原則2分の1で分け合うのが清算的財産分与です。「協力？　それどころか何の役にも立たなかった」と主観的には思えても、あるいは、収入が格段に違っても、客観的に見れば、「夫婦の協力で得た」こととされ、原則どおり「足して2で割る」ことになります。

妻がひょっとしたら財産を隠しているのではないか、と疑念が渦巻《うずま》くかもしれません。もちろん、妻は自分名義の財産を明らかにする必要があります。明らかにされていなければ、妻名義の財産の資料の開示を求めてよいのです。妻名義の財産がまったくないなんてことはほとんどなく、些少《さしょう》でも預金くらいはあるはずです。あまりに些少だと、「隠されているのでは？」と疑心暗鬼にとらわれるかもしれません。どの銀行のどの支店に口座があるはずだ、といった情報がわかっていれば、調停、審判、訴訟では、調査嘱託（家事事件手続法62条、民事訴訟法１８６条）の申立てができます。

しかし、調停では調査嘱託の採用に消極的です。開示されていない特定の銀行の口座の存在に自信があるときなどは、調停での解決を蹴《け》って、訴訟や審判で調査嘱託を経た上での解決に向けて突き進む、ということもありうるでしょう。

しかし、そんな特定はできないけれど「きっと」あるに違いない、という程度で、「この都道府県内のあらゆる都市銀行、信金の口座」を調査してくれ、と調査嘱託を申し立てても、裁判所はバカバカしいと採用してくれません。

そもそも、冷静に考えてみましょう。妻が、家事育児の合間にしていたパートなど、たいした収入ではなかったのではないでしょうか。だからこそ、夫側は、「誰のおかげで飯を食っていると思っているんだ」などと怒鳴っていた、いや怒鳴っていたことはないにしても、「自分こそが一家の大黒柱」と自負していたのではないでしょうか。

「レシートをよこせ。俺が許可したものではないと買ってはいけない。俺の許可がなく買った物は、お前が出せ」なんて、上から目線で家計をチェックした挙句、「もっと出費を抑えろ」と罵《ののし》ったり、必要だと言われた金額をそのとおり渡さなかったりする夫のケースもよくあります。その結果、妻は、ちょっとした出費でいちいち突き上げられたりするのが嫌で、妻のパート代で払っていたりします。

「夫にねちねち言われるくらいならと子どもの習い事代、洋服代などのため、パートを始めたんです。それでようやく私も美容院に行けました。そしたら、夫が私にさらに負担させようとネチネチ言い出したので、子どもの制服代なども私が負担することになりました」などということを、よく相談者から聞きます。そんな状態だったことをよく知るはずの夫から、「隠し財産があるはずだ、開示しろ」と言われることに、妻たちは目が点になります。貯められるはずなどないこと、夫こそわかるでしょうに、と。というわけで、開示された以上の資産がどこかに隠されているはずだ、という「どこか」に確証があるわけでもなければ、そんな無茶な主張をし続けても、無駄に紛争が激化し、長くなるだけですので、注意してください。

「あっちが隠しているなら俺だって…。多分、この預金口座は知らないはずだ。こっちの証券会社と取引があることも知らないはずだ」と疑心暗鬼になった挙句、自分の財産を一部隠して、財産分与を決めてしまおう…なんてことが頭をよぎっても、やめてください。

家裁実務では、財産分与対象財産を確定するための基準時（前述のとおり、別居時が多いです）を定めた上で、当事者双方が基準時に存在した各自名義の財産をすべて開示するように指示されます。特有財産（相続した財産などで、財産分与対象財産から除かれるもの）と主張するものも含めすべて開示します。その上で、特有財産であることを説明することになっています。

「嘘偽りなくすべて開示しました」などと大見得《おおみえ》を切ったのに、妻のほうから、「それは嘘です。この銀行にも預金があるはずです」と預金通帳のコピーなど提出されたりしたら…。調停委員や裁判官に「この夫は嘘をつく人なんだな」とみなされてしまい、その他のこともことごとく主張を信用されなくなってしまいます。代理人としても、「なんだ、他にもあったのか…。私にも嘘ついていたのか。やれやれ」とズッコケます（「今後は嘘をつきません」と謝らないと、代理人にも愛想をつかされてしまいます！）。

慰謝料を払えなんて、とんでもない！

Ａさんは、Ｂさんが財産分与のみならず、慰謝料も請求していることに納得がいきません。

> とんでもない。離婚に応じる気持ちもない。離婚するとしても、妻の勝手な要求をのんでやるんだから、払うものか。もっと言えば、子どもたちを連れていかれて、寂しい思いをしているのは俺だ。俺から慰謝料を請求できるんじゃないのか。

まず小難しい話をすれば、離婚慰謝料には、離婚の原因となった個別の行為（暴力、不貞など）から生じる精神的苦痛の慰謝料（離婚原因慰謝料）と、離婚そのものによる精神的苦痛の慰謝料（離婚自体慰謝料）があります。裁判例を調べてみると、たいていは離婚自体慰謝料として認められていることがほとんどです。[43]

今まで耳に心地よくないことを書いてきたかもしれませんが、家裁実務上、慰謝料は請求する側にとってはけっこうシビアな金額に留《とど》まっています。逆に言えば請求される側にとっては「そんな程度？」と安堵する金額でしょう。ダルビッシュが離婚にあたり二子の「養育費」ということで、算定表ないし算定方式相場からするとありえない金額（ｗｅｂネタにすぎませんが、年間２０００万円くらいとか……！）を払っている、間違いなく慰謝料含みだろう、などと聞いたことがあるかもしれません。それはもちろん例外です。

しかし、神野泰一裁判官論文が対象にした２０３事例中、一部でも認容されたのは75件、37％にすぎません。その上、平均認容額は、１５３万円です。最高金額が７００万円、最低金額が10万円。うち、主な慰謝料事由が不貞である場合の平均認容額は、２２３万円、暴力である場合の平均認容額は、１２３万円だそうです。[44] 個人的には、暴力の被害を受けた人が、浮気された人よりも、低い金額しか受け取れないというのはそれでいいのか、と素朴な疑問を抱きます…。

ただ、この金額の差は、裁判官が暴力を不貞よりも違法性が低いと考えているということではなく、他の要素の違いによるように思います。慰謝料の金額は、神野論文[45]が指摘するとおり、婚姻期間の長短（長いほうが高い）、未成熟子（まだ社会人になっていない子）がいるかどうか（いるほうがいないよりも高い）、当事者に経済力があるか（有責配偶者に経済力があるほうが高い、無責の配偶者に経済力がないほうが高い）などの事情も、考慮された上で判断されています。

有責性の程度が高いほうが高い、財産分与で相当程度支払われる場合は低い、などと指摘する他の文献もあるにはあります。しかし、私の経験上は、有責性よりもその他の要素が考慮されている傾向はあると感じます。たとえば暴力が激しく、長期間に及んでいた（有責性の程度が高い）としても、加害者がお金がない場合には、裁判官からやんわりと「本気で慰謝料を請求するんですか、どうせ取れないでしょうに」と確認されることもあるのです。

どうせ回収できない慰謝料を請求しても意味がないのだから、離婚だけ早期に解決してしまっては、ということでしょう。実際、当事者に経済力があるかどうか、回収見込みがあるかどうかが重視されているように思えてなりません。ひどい暴力をふるわれた被害者のほうも、どうせ取れないから、慰謝料を請求するより、さっさと離婚だけできればいい、と諦めることもあります（回収する見込みが乏しくても、裁判所に認定して評価してもらうことに意義を見出し、諦めない人ももちろんいます）。

しかし、ひどい暴力をふるっても、仕事もなくお金もなければ、妻は諦めるかもしれないし、どうせ取られないですよ、という「落ち」で、満足していいものでしょうか。無理な約束はできないとしても、できる限りの誠意を示し、無理のない金額、あるいは一括は無理でも分割払いなどを提案できれば、そのほうがしこりが少なく円満に離婚できるようにも思えます。

慰謝料の請求の理由がない、と自分では思えても、法律相談に行ったり、代理人をつけて相談してみたりして、冷静に検討しましょう。暴力をふるったことがあるなら、たいていはいくらかの金額は認められることになります。そして、「相場」は、暴力をふるわれる側からすれば切ないような金額に留まり、そんなに頑張って否定したり、何が何でも減額させたくなるほどのことでもないこともわかることでしょう。調停でもまずは財産分与を確定することを先行させ、その後、慰謝料としてどの程度上乗せできますか、といった順序で、協議することが多いです（個人的には暴力が軽視されているようで、残念に思う請求者の気持ちがわかるのですが…）。

相当な額を提案し、できるだけ一括、無理ならば、なるべく早期に払えるような分割払いでまとめられるといいでしょう。細かい話ですが、振込み手数料は支払う側が負担するものなので、一括のほうが振込み手数料を節約できます。また、分割払いの場合には期限の利益喪失約款（一定の回数分割を怠り、その金額が一定の金額に達したら、期限の利益（支払いを猶予される利益）を失い、既払い分を除いた全額を払わなければならなくなるという条項）が付されるもので、うっかり、支払いを忘れてボケッとしていたら、給料を差し押さえされてしまい、身から出た錆《さび》とはいえ、職場で赤っ恥をかく、ということになりかねません。

子どもの親権は譲れない！

Aさんとしては、子どもたちの親権を譲るつもりはありません。もし親権を譲る事態となっても、最低限、子どもたちの姓は自分の姓のままでいるべきだ、と考えています。

離婚するにしても、親権は絶対に譲らない。生活能力のない妻がいったいどうやって子どもの養育に責任を持てるというのだ。確かに自分は帰宅が遅いから、実際に面倒を見ることは難しい。母親を自宅に住まわせて、面倒を見てもらおう。

どうしても妻が子どもたちの面倒を見たいというなら、親権者が俺で面倒を見るのが妻、にしてやってもいい。

最低でも、姓の変更は認めたくない。子どもの姓は俺と同じままでいてほしい。それは譲れない。

未成年の子どもがいる場合、協議離婚でも裁判離婚でも、父母の一方を親権者として定めなくてはいけません（民法８１９条１項、同２項）。２０１４年の厚生労働省人口動態統計によれば、同年の離婚において親権者となった者の割合は、「全児を母」が84・2％、「全児を父」が12・2％、子どもが複数いてその親権を父母で分け合ったケースが３・６％でした。１９６５年には、「全児を母」が44・9％、「全児を父」が45・2％で、後者のほうが割合がわずかながら高かったのですが、１９７０年に、「全児を母」が51％、「全児を父」が40・2％と逆転し、以後はずっと前者の割合のほうが高くなっています。そのためか、前述の監護者（１３６ページ以下）と同様「どうせ親権は母親が優先なんですよね…」と相談しないうちから既に親権者となることは難しいと思いこんでいる男性たちが多いです。

諦める前に、家裁実務では親権者指定にあたりどのような要素が考慮される傾向にあり、あなたの場合はどうなのか、法律相談で相談してみてはいかがでしょうか。第３章の監護者指定等（１３６ページ以下）と同様、親権についても、子の利益を最優先して考慮しなければなりません（民法７６６条１項）。しかし、個別の事案では「子の利益とは何か」がまさに争いになります。

親側の事情としては、監護能力、監護の実績（継続性）、同居時の主たる監護者、愛情、経済力、心身の健康、暴力や虐待の存否、居住環境、親族など子どもの世話を手伝ってくれる人（監護補助者）の有無、監護開始の違法性の有無（第3章で説明したとおり、強引に連れ戻してはＮＧなのです）、面会交流の許容性などが、子どもの側の事情としては、年齢や希望、意思などが考慮される、と言われます。[46]しかし、これらの中でも重要視される度合いには濃淡があります。監護の実績（継続性）や主たる監護者などが重要視される傾向にあり、子の年齢が高くなるにつれ、子の意思や希望も重視されるようになります。

前述の監護者に関する判断と同じく、確かに、かつては、乳幼児の場合、母親から細やかな愛情が注《そそ》がれその配慮を受けることが必要であるとして、母親を優先する判断もありました。しかし、そのような判断はジェンダーバイアスに基づくと批判されるようになり、最近では例が少なくなっています。むしろ、「母性的な関わり」を持って養育している父が優先されるべき、といった文脈で、母性に言及するものがあります。[47]

ですから、父親だから絶対に親権者になれない、と落ちこむことはありません。しかし、それまでどちらが子どもの監護をしてきたかは重視されるので、結局、それまで子どもの実の世話は妻に任せきりだった、という場合には、親権を主張しても望み薄ではあるでしょう。

なお、家庭裁判所は、親権や面会交流等の調停や審判にあたり、子の意思の把握に努め子の年齢及び発達の程度に応じてその意思を考慮しなければなりません（家事事件手続法65条、258条1項）。特に、子が満15歳以上の場合は、監護者指定や面会交流などの審判や親権指定の審判・裁判をするにあたっては、子の陳述を聴取する義務があります（同法152条2項、人事訴訟法32条4項）。「子の陳述聴取」といっても、「私は、母（父）が親権者となることを望みます」と書いてサインした書面を提出することで済むことがほとんどです。父母が離婚することにあっても、親権者でなくなる親と子は親子のまま。溝をことさらに深くしない配慮が必要です。「こういうことがあって、父（母）には呆れ果てているから、母（父）がいいです」などと書いてもらってしまったら、親権者になる親は多少スカッとするかもしれませんが、そう書かれた父（母）と子との関係を損なうことになりそうで、心配です。この先も長く続く非親権者と子の関係にいっそうの悪影響を与えないよう、前述のようにシンプルな一文だけで留めるのが賢明です。

親権と監護権

より年少の場合には、子どもの意向を家庭裁判所の調査官が調査することがあります。しかし、子どもの意向のみならず、あるいは意向は抜いて、「監護状況、監護態勢」が調査項目とされることもあります。10歳以上であれば、自分の意思を表明することができるとして、子の意向を直接聴取することが多いとする文献[48]もあれば、子どもは、意向を表明することで両親のどちらかを裏切ることになるとして、それを避けたいと「忠誠葛藤」に陥り、傷つくとして、15歳未満の子の意向を求めることについては慎重であるべきという文献もあります。[49]まったく子どもの気持ちを考慮せずに勝手に決めてしまうのは論外として、子どもの気持ち次第で両親のもめ事の解決を決めましたといった形になることは、子どもに責任を負わせるかのようです。なかなか、悩ましいものです。なお、子の意向とは、「お父さんとお母さんのどちらと住みたい？」とズバリ聞いて答えが出る意見のみではなく、置かれている状況に対する認識や心情、表情や行動などに現われる非言語的表現も含まれると言われています。[50]親としては、夫婦間の勝負に勝つ！　とばかりにシャカリキにならず、子どもの気持ちを慎重にくみとって、解決を考えたいものです。

では、監護権は妻に譲っても、親権は譲れない…。それはどうしてでしょうか。「こちらの家の跡取りでいさせたい」といった意識でしょうか。親権とは何かの説明をそもそもしていませんでした。親権とは子を監護教育し、その財産を管理するための権利義務の総称です(民法820条ないし824条参照)。通常、離婚した場合、親権者と監護者は同一の親です。

親権と監護権を例外的に分属する場合もありますが、裁判所は、葛藤の強い父母間で分属すれば、紛争が再燃しかねないとして、消極的です。例外として、父より（母の主張では母の同意なしに）三子の親権者を父とする協議離婚届が提出され受理された後、母が三子の親権者の変更を申し立てた案件で、母には監護にも能力もあるが、消費者金融から多額の借入れをし、高額商品をクレジットカードで購入して質入れして換金しているなど、金銭管理能力に大きな不安があるとして、親権者は父、監護者は母とするのが相当とした事例がありま す。[51] このようなごく例外的な事情がない限り、親権と監護権の分属は認められない傾向にあ ります。

親権は子どもが健《すこ》やかに育つために果たす親の義務なのですから、「跡取り」にしたいといった親側の勝手な意向は優先されません。前述の判断要素の中にも、跡取り云々などは登場していません。そもそも明治民法のもとでの家制度は今はないのですから、真剣に「跡取り」のため…と主張すればするほど、裁判所に「時代錯誤」と呆れられます。自分の姓を維持してほしい、といっても、そもそも判決や審判で子の親権は決めても、氏《うじ》までは判断されません。親権者となる側がＯＫするかどうかです。しかし、そもそもなぜそう願うのでしょうか。子どもの幸せとは関係のない、親の一方的なこだわりにすぎないのではないか、自分の胸に手を当てて考えてみましょう。

もっとも、他の条件についてはおおむね合意できたのに、姓だけが対立している場合、全体の紛争が長期化するのも…と、妻のほうが解決を急いで折れるかもしれません。しかし、15歳以上になれば子ども自身が家庭裁判所に氏の変更の許可の審判を申し立てることができます（家事事件手続法39条　別表一122）。どのみち拘束できないのです。

激しく親権が争われる事案が増えてきたと言われています。それは、親権がなくなる＝親子の縁までゼロになる、と誤解しているからかもしれません。大丈夫です。親権者でなくなっても、子どもと絶縁するわけではありません。「絶縁することになるのでは」と不安で無理とわかっていても必死に親権を主張し相手を攻撃し、かえって相手の不安を強めてしまい、子どもとの面会交流が制限されてしまっては、逆効果です。引き続き子どもと会いその成長を見守れるように、穏やかに取り決めができるといいのではないでしょうか。

せめて子どもに自由に会わせてほしい

Aさんは、Bさんが子どもたちを前と同じ幼稚園、小学校に通わせていると知りました。まだ離婚前で、Aさん自身、親権者です。親なんだから、自分の子どもと自由に会っていけないはずがない、とAさんは思っていますが…。

自分の子どもに会いに行って悪いわけがない。保護命令の有効期間が経過した後でもあるから、構わないだろうと、何度か幼稚園や小学校に行ってみた。幼稚園に通う子どもは多少固まっていた。小学校の子どもが泣き出しまでした。まあ久しぶりだったからだろう。

妻の代理人から、俺が「勝手に」幼稚園や小学校に行ったことを「抗議」する、なんて大げさなことを言ってきた。調停にも、俺が勝手に会ったことで、子どもたちが不安定になった、だから会わせられない、とかいう書面を出してきた。そして、俺が同居中に暴力をふるったことまで持ち出してくる。子どもに直接ふるったのは、しつけの範囲のみだ。そして、子どもにではなく妻にふるった暴力が、俺と子どもが会うことに、何か関係するのだろうか。何も妻に会いたいなんて言っていないのに。

まあいいさ、それなら、ｗｅｂで検索してヒットしたＤＶ加害者更生プログラムを受講してこよう。その受講証を証拠として提出したら、癪《しやく》に障《さわ》るが、「反省した」ポーズを示せるだろう。

――面会までダメなんて、ありえない。週末は俺の母を泊まらせ、宿泊もさせたい。

父母が協議離婚するときは、「父又は母と子との面会及びその他の交流」について協議で定め、協議が調わないときは、家庭裁判所が定めます（民法766条1項、2項）。面会交流や養育費について定めなくても離婚届は受け付けられますが、子どもにとって大切なことですから、できれば取り決めしたいものです。取り決めの際には、「子の利益を最も優先して考慮しなければならない」ことになっています（民法766条1項2項）。離婚前の別居している夫婦においても、民法766条が類推適用されます[52]。

面会交流が権利なのか、権利であるとして親の権利なのか子どもの権利なのか、その法的性質は何か、法律家の間でも意見が分かれていますが、判例や民法766条の構造から、面会交流は協議や調停、審判がされて初めて具体的な権利として形成されるものというのが一般的な見解です[53]。

面会交流についての家裁実務の傾向には変化が見られ、現在は、父母が別居・離婚しても、子にとって非監護親からの愛情が感じられることがその成長のために重要であるとして、面会交流が行われることが望ましいとされています。しかし、「子の利益を最も優先して考慮しなければならない」以上、実施すればかえって子の福祉を害すると言える特段の事情があれば、面会交流は禁止・制限されます。

どういった事情があれば、禁止・制限されるのでしょうか。裁判例を確認すると、裁判所は、子どもの心身の状況、子の意思・年齢、監護教育に及ぼす影響、父母それぞれの意思・心身の状況、父母の葛藤の程度等さまざまな事情を総合して判断しているようです。

AさんとBさんの間ではいまだ協議や調停で面会交流について合意してはいませんが、協議や調停で定まった面会交流の条項を守らず、自分勝手に子どもに会いに行ったりした場合、全面的に禁止されることがあります。親権者母と非親権者父との間で面会交流の内容・回数などについて調停が成立したにもかかわらず、父がその条項を守らず自分の都合に合わせて不規則に子どもに会いに行き、それも、母の監護教育方針に問題がないのに介入しようとし、もっぱらそのための手段として面会交流を求める傾向もうかがえるケースがありました。裁判所は、父子の面会交流を認めると、母による有効適切な監護教育に支障が生じ、子らの精神的安定に害を及ぼす恐れが強いので、子らの福祉のために、当分の間は面接交渉を認めないこととしました。[54] 合意以前の場合でも、自分勝手に会いに行った親も同様に判断されることも考えられ、まずは話し合いを優先すべきでしょう。

最近の家裁実務では、子どもが非監護親との面会を拒否していても、虐待などがなければ、背景にある父母の葛藤を探りその解消に努め、何とか面会交流を実現しようという傾向にあります。しかし、Aさんは、「しつけ」のつもりで子どもに対して暴力をふるってきたようです。そのため子どもがAさんに恐怖心を抱いていて、会うことによってさらに精神的ダメージを受ける恐れがある場合には、現在もなお、面会交流を禁止・制限すべきとされることもありえます[55]。

また、DVも、子どもに対して精神的なダメージを与えます（それが虐待でもあることは、第2章84ページ以下参照）。現在も子どもたちがそのダメージから回復できていない場合にも、面会交流を禁止・制限されます[56]。

DVをふるった非監護親が十分反省していない場合や、子の怯えが続いている場合、監護親がPTSDなどで面会交流を実施すれば大きな心理的負担となり子の生活の安定を損なう場合など、面会交流の申立てが却下された裁判例がいくつも公表されています。婚姻中、父は母に繰り返し暴力をふるい、加療2カ月の骨折という傷害を負わせたこともあるほか、子にも全治4週間の骨折を負わせたケースがありました。母が父に恐怖感を抱き、所在を知られることによって再び暴力を受けるかもしれないという危惧を抱くのは不自然とは言えない

コラム

加害者更生プログラム

加害者更生プログラムも最近はよく知られるようになり、DVを原因に離婚などを請求された途端に、「加害者更生プログラムを受講しました！」と「受講証」を証拠として提出する加害者も少なくありません。

諸外国には、刑事罰として（あるいは刑事罰に代えて）、または保護命令の一内容として、加害者更生プログラムへの参加を命じたり、面会交流の条件として受講を命じている国もあります。

しかし、日本のDV防止法（25条）上、国及び地方公共団体が加害者更生のための指導の方法についても調査研究の推進に努めるものと規定されるに留まっています。また、保護観察所で実施している保護観察対象者に対する暴力防止プログラムは、DV事犯、ストーカー事犯を行なった者も要件を充たす場合は対象としていますが、非常に限定的です。

そもそも、加害者更生プログラムの「効果」があるのか、いまだわかっていません。アメリカでも、芳しい研究成果は出ていないそうです（尾崎礼子著『DV被害者支援ハンドブック　サバイバーとともに』朱鷺書房、2005年、147頁ないし149頁）。

しかし、「効果があるかもわからないなら受講しても仕方がない」と加害者が居直るのもどうかと思います。暴力とは何かを知り、自分の行為や相手に与えた傷と向き合う機会として、受講するのもおすすめです。

ただし、数回受けたらすぐ治る、すぐ更生する、という即効性が期待できるものではないでしょう。短期のうちに「受講証明書」などを発行してもらい、調停や訴訟の「証拠」にしたいと受講しただけで、長期にわたってじっくり自分の行為を省みるつもりはないとしたら、単に裁判所対策にしか過ぎないと思われても仕方ありません。忍耐強く長期間にわたって受講することが必要です。

こと、父には暴力について反省し、母の恐怖感を和らげるような行動が十分にとられているとは認めがたいこと（父から母の代理人宛の書面には、「人の心をわからない人には天罰が降りてもおかしくない」などの記載があった）、母子は現在安定した状態で生活をしていることなどの事情を踏まえて、面会交流の申立てが却下されました。[57]

また、父の暴力が原因で離婚した事案で、父は母に対する暴力を反省しており、治療を受けているので、面会交流に支障はないと主張しました。しかし、裁判所は、いまだに父にはDV加害者としての自覚に乏しく、母の痛みを思いやる視点に欠けている一方、母は、PTSDと診断され治療を受けており、母子の生活を立て直し自立するために努力しているところで、面会交流の円滑な実現に向けて、父母間で対等の立場で協力し合うことはできない状況にあるとしました。その上で、現時点で面会交流を実現させ、あるいは間接的にも父との接触を強いることは、母に大きな心理的負担を与えることになり、その結果母子の生活の安定を害し、子の福祉を著しく害する恐れがあるとして、父の面会交流の申立てを却下しました。[58]

加害者更生プログラムを早々に受けたとしても、いまだ加害者としての自覚に乏しく、妻の痛みを思いやっていなければ、面会交流を易々と実施するわけにいかないのです。

でも、永遠に面会できないわけではありません。前述した二つの裁判例も、「現時点において」面会交流の実施が相当ではないと限定しているのです。非監護親がＤＶについて反省したら、監護親がＤＶの痛手から回復したら、事情は変わるのです。ＤＶについて真摯に反省することはなかなか難しいかもしれません。加害者更生プログラム（１８５ページ・コラム参照）を受講するなどして、取り組んでください。

「現時点では」直接の面会は無理であっても、子どもの写真を送ってもらったり、子どもあての手紙を監護親を介して渡してもらう、という間接交流を求めてはいかがでしょうか。酷いＤＶがあり、避難先が隠されている場合でも、送り先を工夫するなどすれば、間接交流まで否定されることはほとんどないように思います。

宿泊付きの面会交流を希望しても、そもそも虐待やＤＶがあったと認められた場合、日帰りの面会交流を実施するかどうか自体が争われる場合も少なくありません。もし、第三者機関（面会交流に立ち会ってくれたり、待ち合わせ場所に子どもを同行し監護親と非監護親が会わないようにしてくれるなどして、面会交流の実施を援助してくれる組織。若干の費用が必要です）を利用してなら、面会交流に応じてもよいと、妻が言うなら、渡りに船です！　頻度や時間などに不満があっても、そんなことで「条件闘争」を続けるよりも、何はともあれ応じて始めるのをおすすめします。そして、子どもと楽しいひとときを過ごせ、子どもが楽しげに帰宅したら、妻だって、応じても大丈夫だと安心できます。子どもも、お父さんを見直し、ひょっとしたらもっと頻繁に会いたいと思い、お母さんにそう言ってくれるかもしれません。

急がば回れ。戦闘的にもならず、せっかちにもならず、悲観的にもならず、子どもとの交流を続けていきたいですね。

親権を譲る以上、養育費を払いたくない

Aさんは、やむを得ず親権を譲ることになるなら、せめて、養育費を支払いたくありません。Aさんの望みはかなうでしょうか。

そもそも、離婚にだって納得していない。それでもどうしても離婚してくれと言われるなら、養育費を払いたくない。調停委員を介して、妻のほうも、離婚に応じてくれるなら養育費は請求しないと返事をしてきた。よし。と思ったら、調停委員から、「お子さんのための費用なのですから、養育費を負担すべきですよ。ますます面会だって応じてもらえなくなりますよ」などと言われた。調停は二人が合意すればいいことなんじゃないのか。

どうしても払わなければならないというなら、信用できない妻に払うのは嫌だ。子どもに会ったときに直接渡したい。

親権者でない親も、子どもを扶養する義務があります（民法877条1項）。その義務の内容は、義務者と同じ程度の生活を子どもに保障する生活保持義務であるとされています。算定表（婚姻費用・養育費いずれも）は義務者に生活保持義務があることを前提に作成されています。父母が離婚するときは、子の監護に関する費用の分担について協議で定めるものとされ（民法766条1項）、協議が調《ととの》わないときは、家庭裁判所に調停又は審判の申立てをすることができ、調停が成立しないときは、審判手続に移行します（同条2項、家事事件手続法272条4項）。

養育費は子どもの健全な成長のため必要なもの。妻が養育費を諦めようとしても、それはこれまでの経緯で疲れ果てていたり、あるいはそれまで夫から受けた暴力の影響で不安が強く、当然の請求であっても夫に逆恨みされないように引っ込めただけなのではないでしょうか。調停委員は、中立的であるとはいえ、子どものためには好ましくないことが明らかな養育費の不払いをも「当事者同士が合意するならそれでいい」とただ尊重するわけにはいきません。義務者が無職でまったく負担できないなら止むを得ませんが、その場合でも、その後就職できたら当事者間で養育費について協議するとすすめるのが一般的です。義務者に支払能力があるのに、権利者が義務者を恐れ、離婚に焦って、不利な条件をのもうとしている、ということであれば、双方に養育費の大切さを説明し、取り決めを促すのは、むしろ当然のことです。[59]

それでもガンとしてはねつけた場合、調停条項中に養育費の不払いが明記されることになります。しかし、親権者であっても、子どもの扶養請求権は勝手に放棄できません（民法881条）。〈父母間で養育費を請求しないとの合意は、〈父母間では有効ですが、子ども自身からの扶養料の請求には影響しません。[60]

あるいは、合意後に事情変更があったとして養育費の支払いを命じる場合もあります。たとえば、母と母の両親が父と調停離婚・調停離縁した際、父に対し、子らの養育は母において行なうことを確約しましたが、その後母の父が退職したり、子ら（いずれも大学進学を希望）の教育費がかさむようになったり、長女が満18歳になり児童手当が打ち切られたり、といったことから、事情変更があるとして、父に養育費の支払いを命じた判断があります。[61]

調停委員が指摘するとおり、養育費は子どものための費用。払えるのに払わないというのは、いかがなものでしょうか。なお、面会交流と養育費は別の事柄です。リストラされたりして養育費を払えないからといって面会交流の禁止・制限すべき事由があるとは言えませんし、虐待・ＤＶの痛手が酷く重くいまだ面会交流は実施すべきでないような状態だからといって、養育費を払わなくていいことにはなりません。しかし、調停委員が前述のように口にすることはたびたびあります。「法的には対価関係にない」などと反論せずに、素直に助言として受け止めたほうがいいでしょう。実際、面会交流を実施するには、監護親の協力が必要であり、監護親が養育費をもらえないことへの恨みつらみをたぎらせていては、いざ面会交流となった場合でも、気持ちよく子どもを送り出してもらうことは難しいのではないでしょうか。

それから、直接会ったときに子どもに渡したいという申し出もよく聞きます。しかし、ＮＧのリクエストです。子ども名義の口座を振込先の口座にすることは多いのですが、その口座を管理するのは、親権者です。その親権者に不信感があるから、子どもに直接渡したいといっても、面会交流時に子どもがお金を数えるなんて（子どもが数えられる年齢になっているとしても）、子ども自身もブルーで面会交流を楽しめなくなりますし、責任が重すぎます。

また、子どもが持ち帰ったお金が少なかったりしたら、子どもが落としたのか、非監護親が勝手に減額しているのか、監護親が勝手に減額されたと騒いでいるだけなのか、不確かで、紛争が再燃しかねません。口座に振り込むほうがよほど明確です。

本章では、裁判所で離婚に伴い争点になりうる財産分与、慰謝料、親権、養育費、面会交流のほか、婚姻費用について説明しました。そんなことを争点にして対立することがないことが一番でしょうが、もしもそんな事態になっても、家裁実務を知り、子どもがいる場合は子どものことを考慮して、むやみに紛争を激しいものにせず、できるだけ円満に解決したいものです。

なお、「勝負に負ける」ことをすすめているのではありません。子どももいれば特に、離婚するとしても、その後も関係が続きます。その関係を必要以上に悪化させず、緩やかにソフトランディングしたほうが、自分自身にとってもベターなゴールになるはずです。

とは言っても、そもそも離婚したくないのだけれども、と思われる方も多いと思います。第5章で、そもそも離婚を避けるためにはどうしたらいいのか、考えてみましょう。

第5章

離婚（突然離婚）を避けるためのアドバイス

覆水盆《ふくすい》に返らず

——離婚なんてしたくない。離婚をめぐる家裁実務の動向なんて読みたくない。離婚を避けるためにはどうしたらいいか、そのコツを教えてほしい。

長々と家裁実務の動向を説明してきましたが、本章では「ではどうすればよいのか」を考えてみましょう。

妻からの離婚請求が無事棄却されたとしましょう。それでも、あなたへの愛情を失った相手があなたへの愛情を取り戻し、あなたのところへ子どもを連れて帰って来てくれるわけではないのです。離婚を先延ばしにできただけと言えます。

仮に、相手があなたから受けた暴力について「証拠」を保管しておかなかったとか、あるいは裁判所が「多少の暴力は認められるが、離婚原因とまでは認められない」と評価して、相手の離婚請求が棄却されたとしても、相手がさらに数年（何年かは個別の事案の婚姻期間などさまざまな事情によります）別居を続けたら、「その他婚姻を継続し難い重大な事由」（民法770条1項5号、婚姻関係が破綻し回復する見込みがないこと、端的に「破綻事由」と言われることが多いです）があると認められやすくなります。

家庭裁判所で行なう夫婦関係調整調停には離婚調停のほかに、円満調整調停もあります。修復に向けて話し合いをすることです。しかし、離婚する決意が既に固い相手に対して円満調整調停の申立てをして、話し合いを試みても、気持ちを変えてもらえるかどうか、おぼつかないものです。

円満調停が不成立になっても、離婚調停とは違い、訴訟を提起して、裁判所が判決で「円満修復せよ」と命じてくれることもありません。日本では、一方が単に離婚する決意を固く抱いているだけで離婚が認められるわけではありませんが、原告が強く離婚を望んでいることとその他の事情と合わせて列挙して、離婚請求を認める判断もあります。

暴力をふるったことが証拠上明らかであれば、裁判所は暴力の内容、被害の程度、原因などを総合的に判断して、離婚の可否を判断しますが、おおむね暴力を重視する傾向にあります。

暴力を認定しながらも「被告のとってきた態度が女性である原告に対しいかに恐怖心を与えるかに留意し、自己を抑制し、威圧的・抑圧的な態度を改め、原告の心情をおもいやりながら意思の疎通を図ることにより、原告のこれまでの不満・不信などを解消するという機会を与えた上で、（離婚を認めるという）結論を出すのが相当」として妻からの離婚請求を棄却した一審判決[62]がありました。しかし、控訴審判決は取り消し、控訴審の和解の席においても夫は自省の跡がないため、自らの苦しみを妻に対する暴力でしか解消することができず、その行為の妻に与える影響に対する推察ができなかった夫に破綻の原因があるとして、妻の離婚請求を認めました。[63]

妻にも不貞など破綻に責任がある場合、夫からの暴力があっても、妻からの離婚請求への判断は厳しい傾向にはあります。もっとも、暴力をふるった夫にも責任があることその他も踏まえて、妻の請求を認めても信義誠実の原則に反しないかが判断され、結論として請求を認めることもあります。

別の男性との不貞前から夫に暴力をふるわれていた妻からの離婚請求について、一審[64]は有責配偶者からの離婚請求として棄却しました。しかし、控訴審は、破綻の主たる責任は妻にあるとしながらも、暴力をふるった夫にも相当責任があること、子どもたちも既に成年に達していることを踏まえて、一審判決を取り消し、請求を認容しました。なお有責配偶者の離婚請求は、以前は否定されていましたが、現在[65]は、別居期間が相当長期間に及ぶなどの要素を考慮して、請求を認めても、信義誠実の原則に照らして容認できるものであれば、認容されることになっています。

妻に不貞などの明白な責任がない上に、夫が妻や家族に対して怒鳴るなど言葉遣いが荒く、暴力もふるった事案ですが、一審判決[66]は、「常時夫がそのような乱暴な言動をとっているとは受け取れず、安泰な生活ができるのは夫が仕事に精を出したためであるとして、たまに仕事を手伝わせようと妻を呼びに行くと、テレビを見ながら寝転んで煙草をふかしたり、コーヒーを飲んだりしている。二、三度呼ぶとやっと夫を睨《にら》み付けるようにして動き出す、こういうとき屁理屈を言いふくれあがる、旅行などで家を出るとき妻はほとんど支度をしてくれない、などという夫の反論には耳を傾けるべきである」などとした上、夫婦二人して「どこを探しても見つからなかった青い鳥を身近に探すべく、じっくり腰を据えて真剣に気長に話し合うよう、一切の事情を考慮して」妻からの離婚請求を棄却しました。しかし、この「青い鳥判決」は暴力を軽視したものとして悪名高く、実際これほど暴力の被害者の痛みを軽視した判断は他に例がありません。今後も同種の事案でこのような判断がされるとは予想しない方がいいでしょう。この事案でも、控訴審で協議離婚が成立し、夫は妻に慰謝料を支払ったということです[67]。暴力をふるわれ、離婚するしかないと決意した妻にとって、今さら夫と「青い鳥」を探せと裁判所から言われようとも、無茶なことでしかありません。

ちょっと待ってくれ。離婚したくない。そのための助言を教えてほしい。

そうでした。では離婚しないためには、どうしたらいいのかコツを教えてほしい、ということでしたね。

離婚したくなければ、ズバリ、相手が「離婚したい」と思わないように、夫婦円満になるように努める、ということに尽きます。「夫婦円満のままでいるにはどうしたらいいか」がまさに課題ですね。この点、離婚など家事事件を多く手がける弁護士の専門領域外ですが、検討してみましょう。

まだやり直せるなら

読者の方の中にもこんなふうに思っている方がいらっしゃるかもしれません。

何やら不吉なことばかり読んできた。

しかし、自分はまだ、妻から離婚請求されているわけでもない。なんとなくぎくしゃくしているかなという程度だ。あるいは、妻が友人に送った「夫のことで悩んでいる」というメールを、何かの拍子で読んでしまって気になっている程度だ。

（それよりは深刻だが）「少し冷却期間をおきましょう」と言われ、実家に帰られてしまったが、離婚したいとは言われていない。
まだ、何か方法があるのではないか。

妻がまだ離婚したいと決意してはいないなら。妻のほうも、できればやり直したいと思っているなら。どんな方法があるのでしょうか。

第1章のBさんの視点から見てAさんの言動はどうだったのかを復習してみたら、おのずと糸口がつかめるのではないでしょうか。

殴る蹴るといった「わかりやすい」暴力や無視などの嫌がらせをまずやめるべきです。自分なりの理由があってもそれで暴力が正当化されることはない、と肝に銘じることは比較的簡単でしょう。

厄介なのは、もっと目に見えにくいことです。自分の考えばかり押しつけ、相手の意向をまるで無視ないし軽視していないか。たとえば、結婚式・披露宴、新婚旅行、妻の仕事・パート、不動産の購入、子どもたちの受験、ホームパーティ、家族旅行…大きなライフイベントから日常のさまざまなことでも、いつもAさんがBさんにしたように、自分の意向ばかりを押しつけていないか。

「話し合い」といっても、それは本当に対等で自由な話し合いになっているか、たとえ語調をやわらかくしていても、夜中や長時間しつこく自分の意向に相手が応じるまで続けているのであれば、とうてい話し合いとは言えないのではないか、相手の希望を実現したり取り入れたりしてきたか、など、自分の言動をふりかえってみましょう。問題があったように思えれば、謝り、以後改めてください。

また、妻が自分の実家と何かぶつかっているとき、話を聞かないまま実家の肩をもってはいなかったか。あるいは、実家の肩をもつつもりはなくても、話半分に聞くばかりでなかったか、など。もちろん、全部妻の言い分を鵜呑《うの》みにせよ、ということではありません。事実関係を確認する必要はもちろんあります。ただ、相手の抱える悩みに共感し、解決策を共に考える、そんな姿勢が大切です。

そして、いたわること。お互いにですが、疲れているときはねぎらう。仕事やパート、ボランティア、習い事、ＰＴＡなど、相手が頑張っていること、打ち込んでいることを尊重し、それらの活動での悩みも聞いて共に考える。もちろん一方的に聞くのではなく、あなた自身も日々の生活や仕事でのやりがい、楽しさ、辛さを相手と分かち合う。

お互い尊重し合い、助け合い、支え合う。そもそも結婚したときに目指していたのは、そんな夫婦でしたよね。自分がどんな家庭を築きたいのか、どんなふうに生きていきたいのか。そのあたりまで遡ってみましょう。そして、自分の言動が目指したい夫婦のあり方と違うなら、改めましょう。

「冷却期間を」と言われてしまったら

すでに「冷却期間を」と言われ別居している段階ではどうしたらいいのでしょうか。

話し合いの方法として、二人で話し合うことがまっさきに思い浮かぶかもしれません。しかし、あなたから暴力をふるわれることを怖がっている妻が断わってきたら、無理強《じ》いしてはいけません。妻が、信頼できる知人や親戚などを同席するなら話し合ってもいいというなら、その条件に難癖《なんくせ》をつけずに、受け入れて会って話してみてはいかがでしょうか。二人のことなのだから二人で話し合いたい、と思っても、そこにこだわっては、話し合い自体スタートできないかもしれないのですから。また、話し合いをしたときに、自制がきかず声を荒げたりしてしまうかもしれないと思うのであれば、直接会うのは早いでしょう。加害者更生プログラム（185ページ）を受講するなどして、自分を落ち着かせることから取り組みましょう。

直接会うとどうも激しい感情を示してしまいそうだ、というときには、円満調停を申し立てて家庭裁判所で話し合う、というのも一つの方法です。ふだんなじみのない方にとっては「裁判所なんて大ごとだ」と二の足を踏むかもしれませんが、そんなに敷居の高いところではありません。家庭裁判所の待合室にはたくさんの人があふれていて、調停室も足りなくて困っているくらいです。赤の他人である調停委員に家族のプライベートなことを話すことに抵抗感があるかもしれませんが、調停委員には守秘義務（家事事件手続法292条）もありますから、安心してください。

若干前述しましたが（115ページ）手紙を送ることはどうでしょうか。確かに、読む人の心を揺さぶるかもしれません。いつしか歯車がずれ、ストレスの多い夫婦生活になったけれども、出会ったころに遡って切々と想いを書けば、妻も、当時の気持ちを取り戻してくれる場合もあるでしょう。しかし、あまりに自己陶酔した文章で、かつ何枚にも及ぶものなど、かえってうんざりさせたり、脅威を感じさせたりする可能性があります。反省文を送っているつもりで、自己憐憫《れんびん》、さらには恨みつらみのほうが感じられるような文章になっているかもしれません。長文や連続のメール、ＬＩＮＥなども自分の意図とは裏腹に、相手には

「怖い」、さらには「ストーカー」と感じさせるかもしれません。ストーカー規制法では、電子メールも「つきまとい」、さらに反復すれば「ストーカー行為」として規制の対象になっていることにご注意ください（2条1項5号、同条2項）。

今この瞬間は反省しているかもしれません。でも、前もそんなことがなかったでしょうか。DV加害者の心理のサイクルとして、「緊張蓄積期→爆発期→ハネムーン期」があると言われています。緊張蓄積期には、加害者にストレスが高まり、緊張が高まっていきます。誰もが日々さまざまなことでストレスを感じ、少しずつ解消していきます。しかし、加害者は家まで持ち帰り、ささいなことをきっかけにして、妻子に爆発させ、暴力をふるいます。その後は気が済んで余裕を取り戻します。実家に帰ろうとする被害者に泣いて謝罪し、つなぎとめようとします。被害者も揺さぶられ、「この人を支えよう」などとやり直す気持ちになります。

それがハネムーン期です。しかし、やがてまたストレスが蓄積されて…。とサイクルが繰り返されることになるのです。今、反省していても、妻を引き留めようとするハネムーン期にいるのではないでしょうか。また会社などで嫌なことがあったら、そのストレスを蓄積して、妻子をはけ口にしてしまわないでしょうか。そんなことはもうしない、と思っても、

「何度も何度もチャンスを与えたけれども、裏切られた」と思っている妻に信じてもらうことはできないでしょう。

どうしたらいいのでしょうか。まず、簡単に解決はしない、と思ったほうがいいでしょう。「謝ったんだからいいだろう」「土下座すればいいのか」などと安易に考えず、自分自身の問題として、どのようにしたら、自分が妻子を尊重できるようになるのか、暴力をふるわないですむのか、考え、取り組んでください。

加害者更生プログラム（185ページ）を受講したり、DVをふるってしまうことを打ち明けた上でカウンセリングを受診したりすることが有効かもしれません。しかし、即効性があるものではなく、「1回受けたのだから、もう許せ」と胸を張って言えるようなものではないはずです。長年継続的に通い、少しずつ直していけるかもしれない、というものではないでしょうか。

加害者更生プログラムの受講には、費用も時間もかかる、忍耐力もいる。だいたい、悪いのは自分だけではないのに、なぜ自分だけが…。不満が募って行きたくない、とにかく謝っている俺を信じればいいではないか、と思う方もいるかもしれません。

そもそも、妻はあなたを信じられないのです。それなのに、信じろ、と言われても、言われれば言われるほど、「やはり全然変わってない。上から目線のままだ」と妻には肩を落とされることでしょう。

それでもひょっとしたら実家から戻ってきてくれるかもしれません。また、別居していないなら、いつまで経っても別居などのアクションを起こされないかもしれません。子どもの教育費が一人では払えないなどから、内心不安でいっぱいながら、よりを戻すことにする（そのまま別居しないでいる）妻もいます。妻の愛情や信頼を取り戻せたのではなく、子どもの生活のため、やむなく帰宅したこと（やむなくそのまま同居していること）で、「大目に見てもらえた」と、いい気になっていていいのでしょうか。自分への愛情もない妻がびくびくしながら一緒にいるとしたら、悲しいことですよね。

あなた自身も、妻の愛情や信頼を取り戻し、あたたかな家庭を築きたいのではないでしょうか。「戻ってきたんだから、愛情も信頼も取り戻しているってことでは？」「一緒にいるんだから、愛情も信頼もあるってことでは？」と安易にとらえないでください。自分の言動を省みなければ、また暴力をふるってしまいかねません。そうすれば、今度こそ妻は出て行ってしまうでしょう。

あるいは、もし、妻が不安で消耗し、出て行く気力すら失っているとしても、それでいいでしょうか。それなら、あなたこそもうすっかり妻への愛情がないということでしょう。そもそも、やり直したいと思っていないのではないでしょうか。やり直したくないなら、つなぎとめる必要などないですよね。

どんな解決をしたいのか

離婚を避けるためには、を考える章ですが、今一度、紛争が始まったときにもどんな態度でいるのが望ましいのか、考えてみましょう。

悲しいことに、どんなことを求めたいのか、わからなくなってしまったのではないか、紛争を続けること自体を目的としているのではないか、と疑ってしまうような当事者がいます。監護権については第3章で、面会交流については第4章で既に説明しましたが、再度これらの点を題材に考えてみましょう。

子どもは俺の子どもでもある。確かに妻になついているが、俺が仕事で忙しかっただけだ。実家の母を呼び寄せ、母に世話をさせることができる。妻にいかに生活能力がないか、歪んだ人格か、しっかり明らかにして、子どもの引渡しを求めたい。

「第三者機関の立会があれば、子どもを月1回程度面会させてもいい」と妻が言ってきた。何だその条件は。俺は父親だ。監視みたいなもの、いらない。「月1回程度」なんてとんでもない。週末宿泊もさせろ。

自分が何を求めているのか、よくよく見きわめましょう。子ども子どもと言いながら、どんな解決が子どもにとってベストなことなのか（ベストとまで言える自信はないならせめてベターな解決は、という視点で）、考えてみてください。

頭に血が上って、妻に対し、「勝負だ、勝つか負けるか」と決戦に臨むかのような態度で挑まないように。あるいは、もしかしたら、妻のほうがむやみに戦闘的な姿勢で臨んでいるような印象を受けているかもしれません。しかし、そうだとしても、それに煽《あお》られて同じようにファイティングポーズをとってはいけません。離婚事件や面会交流事件など、家事事件手続きは、勝ち負けを決める場ではないのです。たとえ離婚して親権者でなくなっても、子どもとは親子のまま。夫婦という関係はなくなっても、子どもの父と母という関係は続きます。家事事件のこのようなところが、「お金を返せ」「はい、返しました」以上終わりと将来を考えないでピンポイントで解決できる民事事件とは異なる特色なのです。離婚するとしても、それぞれが安心して穏やかな生活を過ごせるような環境を整えること、特に未成年の子どもがいる場合には、その子どもが将来にわたって穏やかに健康的に成長し生活していけるように父母としてどう支えていけるかを考えていくことが、とても大切です。

子どもがなついている妻から引き離し、なついていないことが明らかな実家のお母さんに面倒を見させるのが、子どもにとってどうなのか。実家のお母さんだって地元で悠々自適《ゆうゆうじてき》な老後生活を過ごしているのに、いきなりやんちゃ盛りの子どもの面倒を見ろと言われても、酷です。やはり、親権や監護権で重視される監護の継続性や実績（139、175ページ）は、主として自分自身がどうなのかを考えましょう。確かに履行補助者がいるかどうかもカウントされますが、今まで全然関わってこなかった実家の母に突如担わせるなんてそう現実的ではありません。今までも仕事仕事で帰宅が夜遅く、今後も変わる見通しがなければ、親権者、監護者を主張することは不合理ではないかと、首を傾げられても仕方がありません。

親権は「権」とつくので何かの権利、勝ちとりたい権利のような印象を受けるかもしれませんが、むしろ義務的側面が強いもの。子どもが健やかに育っていく環境がどちらかというとどちらに備わっているか、冷静に考えてみましょう。「権利」を獲得したい、勝負に勝ちたい、ということで、親権を主張するのは、間違っています。

そして、妻が「生活能力がない」とか、「人格が歪んでいる」といった人格攻撃、中傷に陥ってしまうのは、絶対に避けたほうがいいです。あなたが本気で妻との関係もまだ修復したいと願っていながら、そんな書面を提出してしまったら、修復への願いとは裏腹に、むしろ、婚姻関係が破綻したことを自ら裏付けてしまうようなものです。

「被告は、その本人尋問において、原告との婚姻の継続を希望する旨表明しているが、その理由は多分に打算的であり、本件訴訟において原告を激しく非難している事実に鑑みると、原告に対する信頼や愛情を窺うことはできないのであって、真に婚姻を継続させようとの意思があるとは思われない」とする裁判例もあります。[68] 離婚はやむなしと思っている場合でも、攻撃的な文面は、何のプラスにもなりません。むしろ、あなた自身が妻を日頃より攻撃していたことを明らかにしてしまうだけです。

あくまでも、ゴールはお互いのその後の穏やかな生活。未成年の子どもがいるなら、子どもの健やかな成長ももちろん念頭におくべきです。

面会交流も、気長に考えましょう。子どもとの関係は現時点の一瞬だけで尽きてしまうものではなく、長いタイムスパンで考えてください。そして、子どもにも子どもの心情があり、都合もあります。子どもや妻があなたに恐怖心をおぼえていると言われても、納得がいかない、第三者機関が立ち会い「監視される」なんて嫌だ、と思っても、「絶対会わせない」と言われているのではない、と前向きにとらえてはいかがでしょうか。

未来永劫、第三者機関が立ち会うというわけでもないのです。何回かやってみて、安全安心だと妻子が納得したら、第三者機関の立会は不要となるでしょう。第三者機関は中立的ですから、いらぬ心配まで妻がしていたら、その心情を受けとめた上で軽減するよう、妻に助言もしてくれるかもしれません。

「勝ち負け」にこだわらない、「いまここ」で100%満足できる解決ではなくてもいい。そんな穏やかな視点が、案外満足のいくゴールへの近道だったりするのです。

そして、相手を攻撃しすぎて、紛争開始前より終了後のほうがさらに険悪になった、なんてことにならないようにしたいものです。「言い負かした」とスカッとするのは誤解で、しこりが残っていると、子どもとの面会交流が仮に実施されたとしても、楽しいひとときにはほど遠い陰鬱な時間になるなど、間違いなく、自分自身にも跳ね返ってきます。

どんな解決が望ましいのか、前のめりにならず、視野を広くもって考えることを力を込めて助言します。

弁護士の見分け方

できれば当事者同士で話し合いをして解決したいかもしれませんが、妻が代理人をつけた場合、自分もつけたほうがいいのか、心配になるかもしれません。これまた円満な関係を取り戻すコツとは離れますが、もしものときのために、説明しておきましょう。

代理人に煽《あお》られているのか、代理人を煽っているのか、判然としないけれども、「その代理人でいいのだろうか」と相手方のことではあっても案じてしまうことがあります。たとえば……。

妻が代理人をつけた。形勢が不利になるのは避けたい。俺も代理人をみつけよう。「離婚　弁護士」でｗｅｂで検索して上位の弁護士にするか、知人が元妻に慰謝料を請求されたけれど、弁護士のおかげで払わずに済んだと言っていたから、その弁護士にするか。

知人の紹介の弁護士に委任したが、しばらくして解任した。俺が書いてほしいということをほとんど却下するなど、「俺の代理人なのか本当に」と疑問をもったからだ。「そんなことは伝えない。無用にことを荒立てる」とか、「そんな喧嘩腰ではいけない。先方が怖がっても仕方がない」とか、いちいちケチをつけられ、腹立たしかった。「先方と子どもを安心させるために、DV加害者更生プログラムを受講してはどうか」とまで言われたときに、ぷちっと切れた。確かに多少は暴力をふるったが、理由があってのこと。俺が「更生」しなければいけない悪人のように見られているなんて、腹立たしい。もうやらせておけないと、解任した。

次はwebで「DV冤罪に強い弁護士」を探した。妻の代理人向けのファックスも、裁判所に提出する書面も、俺が書いてほしいといったとおりに書いてくれる。時には、俺の書いたものをコピペして一字一句そのままのときもある。ストレスがない。何十頁に及ぶ力作もほとんど「てにをは」を直した程度で裁判所に準備書面として提出してくれた。それに比べて、相手の書面の薄っぺらさときたら。圧倒したぞ。気分がいい。

面会交流は俺の権利だ。長々調整なんてやっていられるか。審判だ、審判。前の代理人は俺を説得しようとしたが、今の代理人は勇ましく調停委員に「調停を打ち切って審判に移行してくれ」と迫ってくれる。事前に渡しておいた「脚本」どおりだ。ああ本当に代理人を代えてよかった。

こんな展開で、弁護士を代えて大正解、と思うのは、まだ早いです。思うがままに動いてくれるイエスマンの弁護士が、本当にあなたの利益を実現するように頑張ってくれている、とはとうてい思えません。

確かに、弁護士は依頼者の意思を尊重しなければなりませんが（弁護士職務基本規程22条1項）、それは何でも依頼者がやれと言ったとおりにやればいい、ということではないのです。弁護士が依頼者と一体化しては、適切なアドバイスができません。家事事件に限らず、弁護士たるもの、事件の処理にあたり、自由かつ独立の立場を保持するよう努めなければなりません（同規程20条）。依頼者のイエスマンであれば、法律の専門家でも何でもありません。そんな代理人をつける必要はそもそもありません。

たとえば、企業の顧問弁護士が、企業の不祥事を確認しながら、ただすことなく、「ま、いいんじゃないですか」とスルーしてしまうとしたら、何のために弁護士を顧問にしているか、わからなくなります。家事事件の場合も、法的知識を踏まえ、さらには家事事件の特色もよく理解した上で、子どもの利益にも照らし、長期的な視野に立って解決を模索してくれるのが、優れた代理人です。もちろん、その過程で、弁護士は依頼者に十分説明し、納得を得る必要があります。

攻撃的なフレーズを盛り込んだ書面は、決してよい効果はありません。あなたの利益を誠実に考えてくれる弁護士であれば、そして、繰り返しになりますが、子どももいて長期的な影響を考えれば、なおさら、相手との崩れている信頼関係を少しでも修復し、面会交流その他の調整を図ろうとするものです。

弁護士は依頼者のことを思えばこそ、相槌《あいづち》ばかりうってはいられず、時には耳に痛いことも説明しなければなりません。疑問があればどんどん代理人弁護士に質問していいのはもちろんです。しかし、カチンときてしまい、その説明もさしてきかず、弁護士を代えるぞっと息巻くのは、あまりにもったいない。忍耐強く、説明を聞きましょう。

家事事件に限らず、攻撃的なだけでなく、むやみに長い書面は、先方だけでなく、裁判所にも決して良い印象は持たれません。簡《かん》にして要《よう》を得た書面にすべきは当然です。ボリュームで「勝った！」と思うのは、大間違いです。

残念なことに、本当に依頼者のメールなどの文章をコピペしたのではないか、という代理人の準備書面やファックスを目にすることがあります。代理人自身のお子さんたちのことなどまったく問題になるはずがないのに、「私の娘と息子に会わせろ」と書いてあるなど…。コピペするのが誠実な仕事ぶりのはずがなく、単なる手抜きです。法律家らしからぬ、激越で無用に長い書面には、裁判所も、代理人の仕事が雑だと呆れているはずです。それだけならまだしも、「コピペ」だとわかってしまえば、当事者であるあなた自身が相手が言うとおり「攻撃的で乱暴な物言いをする人」であるとの印象も抱かせてしまいかねません。

私は幸い出会った経験がないですが、調停でこう言え、ああ言え、と筋書、いわば「脚本」まで書いてしまい、このとおりやれと代理人弁護士に指図する当事者もいるそうです。妻だけでなく弁護士を含め他者をコントロールしたい欲望の強いあらわれとも言えるでしょう。

裁判所の手続きに慣れておらず、緊張し、気合いが入りまくっている、ということかもしれません。しかし、誠実な弁護士であれば、「はいわかりました」と「脚本」どおりに進めるなんてことはありえません。代理人弁護士としては、調停の流れも踏まえて適宜《てきぎ》今の時点ではこのように対応するのが良いと依頼者に説明し、助言して、手続に臨むべきなのです。だから、当事者としてもちろん「こうしたい」と代理人に伝え、方針について理解を共通にすべきですが、きっちり「脚本」まで書いて仕切ろうとするなんて、不毛です。

しつこいようですが、家事事件でくっきり「勝ち負け」がつくのがいい解決とは言えません。誠実な弁護士であれば、その点を十分に理解して、「勝ち負けの決着をつけたい！」と意気込む依頼者を諭し、粘り強く説得するものです。弁護士が、丁寧な調整もせずに、血気盛んに強硬に「調停打ち切り!」と言い放ったりしたら、「心強い」と思うでしょうか。しかし、そのような弁護士は、面会交流など、特に子どもの利益を考えるべき事件では慎重な配慮をもって話し合いをすべきことを理解していないだけかもしれません。十分な話し合いも経ないままであれば、その後の審判や訴訟にも、何ら問題点が整理されないままとなり、そう簡単に解決するはずもなく、さらに紛争が激しく長期化してしまうでしょう。

「いいんだ! とことん戦う!」と意気込んでいるかもしれませんが、一方的に攻撃するばかりなんてことはありえず、必ず反撃されるものです。ヒートアップし、消耗し、紛争の前より後のほうがより険悪な対立状態になり、時間もかかってストレスもいっそう蓄積する、なんて、頭を抱えるような紛争が実際にあります。「いったい何でこんなことになったんだっけ」と後悔することになるかもしれません。いや、きっと後悔します。その見通しもつけずに、そのときそのときの依頼者の向こう見ずな衝動の赴くままに従う弁護士は、結果として、依頼者の利益となることをしていないのです。

くれぐれも、「自分の意向をそのまま受け入れてくれる」弁護士がいい弁護士だと思わないでください。

どうしたら、いい弁護士に会えるのか

さて、真摯にあなたの利益を考え、誠実に事件を処理してくれる弁護士にはどこでめぐりあえるのでしょうか。

どの業界もそうかもしれませんが、ｗｅｂで上位になる人が本当にその道のエキスパートかどうかは大いに疑問です。私が専門的に取り組みたいと思っている離婚など家事事件だけでも、刻々と新たに出て来る裁判例や論文、実務の運用の変化を追いかけていくのは大変です。それなのに、「離婚　弁護士」でも「労働　弁護士」でも、同じ事務所が上位に来る、という検索結果には、率直に言って首をかしげます。まあ、中には超人もいますが、それでも「いくつかの分野に経験がある」ことはあっても、「いくつかの分野に専門性がある」ことは難しいでしょう。

では、テレビに出ている弁護士は？　同業者の間では、つい、「忙しいとテレビに出ていられるはずないけど」とブラックな軽口を叩いたりしてます。

もっとも、ｗｅｂの検索で上位にヒットするのが必ず「さして専門性もないけれども、ｗｅｂ対策は入念」という弁護士というわけでもないかもしれませんし、テレビに出ているからといって、単なる「出たがり」と決めつけるのも短絡的でしょう。

人それぞれであり、依頼してみれば、頑張ってくれる弁護士かもしれません。でも、良識ある弁護士だったら、個々の事件によって主張立証できることはさまざまだとわかっているので、「DV（冤罪）に強い」とむやみに宣伝しているのはどうなんだろう、と個人的には思います（「熱心に取り組んでいます」程度なら間違いはないでしょうが）。

そして、派手なｗｅｂページなど持っていなくても、テレビに華々《はなばな》しく出ていなくても、個々の事件に丁寧に取り組んでいる地味ながら誠実な弁護士もたくさんいます。

口コミ、紹介というルートは、より信頼できそうです。しかし、口コミ、紹介も過信しないでください。個別の事件はさまざまですし、受け止め方、相性も人それぞれです。結果も個々の事案のさまざまな要素によるので、「子どもの引渡しに勝ったらしい」、「面会交流が宿泊付きで決着したらしい」、「養育費の減額に成功したらしい」などの「結果」に飛びつかないようにしてください。

もちろん、「結果がどうなるのか」こそ気がかりであるお気持ちは理解できます。私も、「先生は、子どもの引渡しに成功した件数は何件ありましたか？」と質問をする相談者の必死さはわかります。「治療成績の良い名医」を必死に探す患者のような心情でしょう。わかるのですが、その事案その事案で望みうるベストな解決は違います。「知人が獲得した結果」

や、「宣伝文句」がそのまま自分の事件にもあてはまるものではない、ということをしっかり認識してください。

それから、相性もさまざまです。一般的には受容的に聞いてくれ丁寧に説明する弁護士がいいはずです。しかし、中には「それではまったりしていて物足りない、もっとビシビシ単刀直入に言ってほしい」という人もいるでしょう。私にはキャラ的にできませんが、中には依頼者を叱り飛ばす弁護士もいますし、そうした弁護士に熱烈な「ファン」がいたりもします。しかし、叱られたらますます悲しくなり絶望的な気持ちになる人もいるはずです。

どんなルートで弁護士に依頼するとしても、まずは、法律相談に赴かれて、直接弁護士と話をしましょう。その上で、その先生が信頼できると感じ、頼みたいと思ったら、委任することにしてください。

最初の法律相談の弁護士の説明に納得がいかなければ、セカンドオピニオン、サードオピニオンを求めてもいいでしょう。ただし、「ベストな弁護士をたずねて三千里」とばかりに、法律相談をはしごしまくり、「弁護士ショッピング」を続けるのは、おすすめしません。いつまでもどの弁護士にも頼めなくなってしまい、時間も費用も消耗するだけになりかねないからです。

運悪く、会う弁護士会う弁護士ろくに法的アドバイスもしてくれないならいざ知らず、「気持ちに寄り添ってくれない」といったことがひっかかってどの弁護士にも満足できないのであれば、弁護士は法律の専門家でありカウンセラーでも友人でもない、と割り切ってはいかがでしょうか。気持ちをまったく聞いてもくれないのはどうかと思いますが、弁護士という仕事は、相談者・依頼者の気持ちにひたすら寄り添っているばかりではいられず、問題点を整理し、法的にはどう評価されるのかを検討するなど、サバサバと進めていくところがあるのです。

あくまで事件は当事者同士が主体

今まで自分に逆らわなかった妻が、あろうことか、自分に対して離婚を請求する、子どもの親権者となり、慰謝料などを請求する…。そんな馬鹿な。弁護士の入れ知恵だ。弁護士の名前を検索してみたら、どうも、「女性の権利向上」を主張するガチガチのフェミニスト弁護士らしい。妻は、洗脳されたのではないか。それに、どうも、やり手でもあるらしい。「悪徳」弁護士に金をふんだくられているのではないか。

妻が今まで夫から暴力をふるわれるのではないかと怯えて、面と向かって離婚を請求できなかったことを察することができず、前述のように思いこむ夫は少なくありません。そして、特に、私のような女性弁護士には、「女性の権利向上という自分の信条から俺の妻をたきつけたに違いない、円満な家庭を破壊しようとしているんだ」と反感が向けられることも多々あります。

社会全般の男女平等や女性の権利向上などを目指している弁護士であろうとなかろうと、個々の事件で自分の信条を押しつけるはずがありません。個々の相談者が抱える個別の問題を、その相談者の利益になるように法的にはどうした解決があるのかを検討し助言するだけです。委任を受ける際も、あくまで当事者本人の代理人であり、当事者の意向に沿って進めていきます。

相手が自分とは違う意向を持っており、それに従って主張しているということが信じられない。だから、第三者である弁護士の働きかけに違いない、と思いたいのではないでしょうか。しかし、第三者である弁護士が依頼者本人の意向を無視して自分の問題意識のままに突っ走っているなんてことはありません。冷静に考えてみてください。

「どうしても信じられない。本人の口から聞きたい」と粘り続ける人もいますが、相手は、その一方配偶者が怖くてとても会えないから代理人をつけたのです。そんな相手にその要請は恐怖を覚えさせていることも、第3章（110ページ以下）で書きました。

弁護士だけではなく、相手の親や友人などを疑うケースも珍しくありません。「実家が操っている。実家が妻子をとって『家』を継がせたいために、妻を『洗脳』したんだ」といった具合です。明治民法下でもあるまいし、今さら、「家」を継がせたいも何もないと思うのですが…。相手の親にとっても、実家に子と孫が身を寄せられたりしたら、むしろ経済的にも心理的にも負担は大きいですが、子の苦境にやむなく協力しているにすぎません。相手が自分で決断したとはどうしても信じたくないから、第三者を「たきつけた悪玉」に考えてしまっているのではないでしょうか。

弁護士や親など他人を疑う前に、自分自身が相手に何をしてきたか、相手は自分のことをどう考えているのか、冷静に省みてください。

相手の身になって、自らを省みる。そもそも、それをしないことが、相手が関係を絶望するポイントになるかもしれません。第三者のせいにする前に、自分こそが当事者だ、とまず自覚すること。解決の道をさぐるスタート地点は、まずそこです。

被害者は自分ではない

「ではどうすればよいのか」を重点に教えてほしいのに、とじりじりしていらっしゃるでしょうか。そろそろ本題に戻りましょう。

この本で、妻に執拗な暴力をふるったり、追いかけまわしたりする夫の話が出てきたが、自分はそこまでしていない、自分で言うのもなんだが、世間からはよき父・よき夫と思われていると自負している方もいるでしょう。それなのに、妻は、だらしなく、家事をおろそかにしている。あるいは子どもをヒステリックに叱るなどの問題がある。炊事洗濯など最低限の家事をしてほしい。子どもには落ち着いて話してほしい。忘れ物をしないようにしてほしい。いい加減に予定を変更しないでほしいなど。家庭の中で最低限守ってほしいことを求めているだけだ。繰り返し改善を求めても言うとおりにしない妻が悪いのではないか。自分が腹を立てるのも当然ではないか、と思っていませんか。すなわち、「俺を怒らせるのは妻だ」と思っていませんか。

加害者更生プログラムにかかわる信田さよ子さんによると、プログラムで出会った男性たちの主張は、「自分の言っていることは正しい→自分の言うとおりにしない妻は間違っている→だから怒るのは当然だ→悪いのは妻だ」という順序で構築されているそうです。そして、彼らは、自分が怒った結果の行動（殴る、怒鳴る、ものを投げる…）についてはあまり触れようとしない。避けているというより、「正義は自分にある」と確信しているので、暴力を正当化しているのだろうと言います。

　では、正義の基準を、誰が決めるのでしょう。彼らです。何が正しいかを決める力（信田さんは、それを「状況の定義権」と呼びます）を彼らは持っているとは自覚していないかもしれません。「何が正しいかは夫である自分が決める、それに妻は従うべきである、従わない妻に対する暴力は許される」という古色蒼然《こしょくそうぜん》とした、男性のほうが女性よりも優位にあるという観念も背景した信念があるではないか、と信田さんは指摘しています。[67]

　抽象的に「その信念体系から脱却しなさい」と諭《さと》されるだけでは、「では何をしたら…」と戸惑《とまど》ってしまうのは無理がありません。抽象的に反省するだけではなく、具体的に行動を改めればいいのです。まずは、どんなことがあっても、腕力、さらには言葉で妻を追い込まないことです。その点を心がけないと、前述した、「自分の言っていることは正しい↓自分の言うとおりにしない妻は間違っている↓だから怒るのは当然だ↓悪いのは妻だ」という順序をストップできません。「自分のほうが妻に苦しめられている。自分こそ被害者だ」という強い被害感情を持っている加害者は少なくないと言われています。

自分が被害者ではないのではないか。自分が被害者だと思えるのは、自分が決めている正義の基準によるからではないのか。妻の視点にたてば、自分のふるまいはどうなのだろう。その点を考えることが、自分の言動を改める第一歩です。

「自分こそ被害者」と思うことになりがちな「正しいか」「正しくないか」の基準からひとまず離れてみてはどうでしょう。そして、妻が妻自身の言いたいことを気兼ねなく口に出してくれているかどうか、考えてみましょう。一方的に夫の言うことを聞いているだけで、反論もせず、押し黙ってしまってはいないでしょうか。その状態が続いて、第2章で挙げたようなさまざまな心身の症状を呈するまでになっていないでしょうか。自分が言っていることと、していることが、妻を追い込み、怖がらせ、人格を否定していることになっていないか、を直視することは、辛いことだと思います。でも、直視しなければ、自分の言動を改めることはできません。

もし妻が既にあなたとの関係で安心、安全を感じられなくなってしまったら、それを取り戻してもらえるまでには、そうは簡単ではないでしょう。自分が妻に与えた痛みや悲しみを感じ取り、自分を被害者としてではなく、加害者として認識できるかどうか。暴言や暴力を二度としないと決意できるかどうか。妻は自分とは異なる人間であり、自分の言うとおりになる存在ではないとしっかりと認識できるかどうか。できる、と安請け合いするのではなく、むしろ、どれも難しい課題だと認識した上で、繰り返し反省し、努めていく、ということが大切でしょう。そうすれば、家族としてやり直すことが可能かもしれません。

辛いプロセスです。でも、自分の言動はもしかして…。そう気づけたことは大きな一歩です。

おわりに

「突然離婚」を切り出される夫と、妻との間には、認識に大きなギャップがあることを理解していただけたと思います。繰り返しになりますが、DVとは、身体的暴力のみではなく、日頃の心理的攻撃や経済的圧迫なども含まれます。

巷《ちまた》で話題の「モラハラ離婚」も、夫側にその認識があれば、防げたかもしれないのです。

本書を読んで、自分は一切そういうことはしてこなかった、これまでどおりで大丈夫という人は、今後も夫婦円満に過ごせるでしょう。しかし、気づけていないだけなら、むしろ、重症です。くれぐれも、よく考えてみてください。

一方、自分はまさに、こんなことを相手にしてきたかもしれない。相手や子どものふるまいを思い起こしても、合点《がてん》がいくことばかりだ。自分は、相手のことを尊重していなかったのか…?

もし、そう得心《とくしん》したら、絶望しないでください。まだ希望があります。

DV被害者の事件を受任してきた経験から、「加害者は、自分がしてきたことをDVと認めない」とつくづく思います。第三者から見て、家族を病気に追い込んでいるのはこの加害者だ、と思われるのに、その加害者だけが治療を受けておらず、DVを受けて心身を損なった家族のほうが、心療内科や精神科に通っていることは、ままあります。加害者にさんざん「頭がおかしい」と言われて、自分でもそう思いこんでいたりします。第2章で説明したとおり、不調は心だけでなく身体の症状にも現われますから、被害者は内科などにも通っていたりします。しかし、根本の原因であるDVがおさまらない以上、被害者の心身が回復することは望めません。

自分が加害者と言えるかもしれない、と気づくのは、大変大きな一歩です。

相手の気持ちを踏みにじっているのではないか。相手に非があると決めつけて責めたてていないか。相手が怯えているのを知っていながら、暴力を「よくあること」「大したことない」と軽視していないか。

相手の非ではなく、努力しているところを見出し、感謝をすべきではないのか。

相手の考えが若干自分と違っても十分よく聞けば、なるほどと理解できたり、自分より優れたアイディアに感心したりもできるのではないか。

率直に言って、離婚事件の代理人を務めてきた弁護士として、「人はそうは認識を改めないし、行動も改めない。変わる変わると口で言っても、変わらない」とつい悲観してしまいます。でも、それは自分自身の行為に問題があると気づいた人に出会えなかったからです。この本を最初から最後まで辛抱強く読んで納得がいったという人には、むしろ希望を感じます。

非を改めるには、まず非を認めることですから。

かけがえのない人を傷つけてきたかもしれない、と気づいたあなたは、もう傷つけたくない、と思っているはずです。そして、どんなことが傷つけることになるのか、傷つけないようにするにはどうしたらいいのか、もわかってきたはずです。この本がその気づきのきっかけになることを願います。

脚注

1　神戸地判平成13年11月5日判例秘書登載
2　東京高判昭和58年1月27日判時1069号79頁
3　本田りえ・露木肇子・熊谷早智子著『「モラル・ハラスメント」のすべて　夫の支配から逃れるための実践ガイド』講談社、2013年、55頁
4　前掲（1）神戸地判平成13年11月5日
5　東京地判平成17年1月26日判例秘書登載
6　1995年9月に北京会議で採択された北京宣言（第29文）及び行動綱領（第Ⅳ章）等
7　尾崎礼子著『DV被害者支援ハンドブック　サバイバーとともに』朱鷺書房、2005年、50頁、宮地尚子編著『医療現場におけるDV被害者への対応ハンドブック　医師及び医療関係者のために』明石書店、2008年、84頁、他多数
8　尾崎礼子著『DV被害者支援ハンドブック　サバイバーとともに』朱鷺書房、2005年、50頁、宮地尚子編著『医療現場におけるDV被害者への対応ハンドブック　医師及び医療関係者のために』明石書店、2008年、84頁
9　石井朝子・飛鳥井望・木村弓子ほか「ドメスティックバイオレンス被害者の心的外傷ストレスに関わる要因と援助技法に関する研究　平成13年度厚生科学研究費補助金（子ども家庭総合研究事業）分担研究報告」200

2年
10 宮地尚子編著『医療現場におけるＤＶ被害者への対応ハンドブック　医師及び医療関係者のために』明石書店、２００８年、83頁
11 ジュディス・ハーマン著　中井久夫訳『心的外傷と回復　増補版』みすず書房、１９９９年
12 春原由紀編著・武蔵野大学心理臨床センター子ども相談部門著『子ども虐待としてのＤＶ―母親と子どもへの心理臨床的援助のために―』星和書店、２０１１年、２章（上原由紀執筆部分）、31頁ないし32頁
13 前掲⑿上原由紀執筆部分31ないし34頁
14 前掲⑿上原由紀執筆部分34頁、66頁
15 前掲⑿古市志麻執筆部分67頁、88頁
16 前掲⑿古市志麻執筆部分89頁ないし97頁
17 尾崎礼子著『ＤＶ被害者支援ハンドブック　サバイバーとともに』朱鷺書房、２００５年、１１６頁
18 大阪高決平成元年11月30日判タ７３２号２６３頁
19 新潟家審平成９年５月２日判時１６３３号90頁
20 東京高決平成９年９月29日判時１６３３号90頁
21 札幌家審平成10年11月18日家月51巻５号57頁
22 東京高決平成13年４月６日家月54巻３号66頁

23　大阪高決平成21年8月13日家月62巻1号97頁
24　札幌家苫小牧支審平成17年3月17日家月58巻4号86頁
25　東京高決平成17年6月28日家月58巻4号105頁
26　横浜地判昭和52年3月24日判時867号87頁
27　東京地判平成4年8月26日家月45巻12号102頁
28　松谷佳樹「第3回　婚姻費用・養育費の調停・審判事件の実務」東京家事事件研究会編『家事事件・人事訴訟事件の実務～家事事件手続法の趣旨を踏まえて～』法曹会、2015年、92頁
29　札幌高決平成16年5月31日家月57巻8号84頁
30　札幌家審平成16年2月6日家月57巻8号96頁
31　日本弁護士連合会「養育費・婚姻費用の簡易算定方式・簡易算定表に関する意見書」2012年
32　大阪高決平成16年1月14日家月56巻6号155頁
33　同様の判断に横浜家審平成24年5月28日家月65巻5号98頁
34　福岡高宮崎支平成17年3月15日家月58巻3号98頁、東京家審平成20年7月31日家月61巻2号257頁
35　前記東京家審平成20年7月31日家月61巻2号257頁
36　東京高決昭和60年12月26日判時1180号60頁、大阪高決昭和62年6月23日家月40巻1号184頁、横浜家審平成24年5月28日家月65巻5号98頁等

37 岡健太郎「養育費・婚姻費用算定表の運用上の諸問題」判タ1209号10頁、前掲(28)89頁ないし90頁
38 松谷前掲(28)90頁
39 菱山泰男・太田寅彦「婚姻費用の算定を巡る実務上の諸問題」判タ1208号30頁
40 神戸家審平成元年11月14日家月42巻3号94頁
41 新田和憲「第4回　財産分与の調停・審判の実務」前掲(28)110頁〜112頁
42 最判昭和46年7月23日民集25巻5号805頁
43 神野泰一「離婚訴訟における慰謝料の動向」(ケース研究322号・30頁)によれば、対象とした203事例(東京家裁における2012年4月から2013年12月まで東京家裁で終局した離婚事件のうち和解などではなく判決で判断が示された事件で、かつ、慰謝料について当事者間で争いがあった事件)のうち、離婚原因慰謝料としての請求は7件のみとのこと。それも、原告が離婚原因慰謝料として請求したのか不明とのことである。
44 神野前掲(43)31頁
45 神野前掲(43)33頁
46 二宮周平・榊原富士子『離婚判例ガイド第3版』有斐閣、2015年、192頁ないし193頁
47 新潟家長岡審平成10年3月30日家月51巻3号179頁。しかし、抗告審である東京高決平成10年9月16日家月51巻3号165頁により取り消された。
48 水野有子・中野晴行「第6回面会交流の調停・審判事件の審理」前掲(28)所収、203頁

49 秋武憲一・岡健太郎『離婚調停・離婚訴訟』青林書院、2009年、71頁

50 安倍嘉人・西岡清一郎監修『子どものための法律と実務　裁判・行政・社会の協働と子どもの未来』所収「第I部第2章2監護者・親権者指定の手続」高取真理子・山本桂子執筆部分、日本加除出版、2013年、61頁

51 横浜家審平成21年1月6日家月62巻1号105頁

52 最決平成12年5月1日集54巻5号1607頁

53 水野・中野前掲(48)189頁

54 福岡高那覇支決平成15年11月28日家月56巻8号50頁

55 水野・中野前掲(48)194頁

56 水野・中野前掲(55)

57 横浜家審平成14年1月16日家月54巻8号48頁

58 東京家審平成14年10月31日家月55巻5号165頁

59 小田正二・矢島将弘「第I分第3章1養育料」安倍・西岡監修前掲(50)81頁ないし82頁参照

60 大阪高決昭和54年6月18日家月32巻3号94頁

61 大阪高決昭和56年2月16日家月33巻8号44頁

62 千葉地裁佐倉支判平成7年9月7日判決未公表。夫が一級の身体障がい者であり日常生活に介助が必要であ

ることなども考慮されたのかもしれない。

63　東京高判平成８年７月30日判時１５７７号92頁
64　浦和地裁熊谷支判平成２年５月25日家月46巻９号56頁
65　最大判昭和62年９月２日（民集41巻６号１４２３頁）以降
66　名古屋地判平成３年９月20日判時１４０９号97頁
67　二宮周平『家族法　第３版』新世社、２００９年、85頁
68　仙台地判平成９年12月10日未公表
69　信田さよ子『加害者は変われるか？ＤＶと虐待をみつめながら』筑摩書房、２００８年、１４８頁ないし１５３頁

切りとり線

★読者のみなさまにお願い

この本をお読みになって、どんな感想をお持ちでしょうか。祥伝社のホームページから書評をお送りいただけたら、ありがたく存じます。今後の企画の参考にさせていただきます。また、次ページの原稿用紙を切り取り、左記まで郵送していただいても結構です。

お寄せいただいた書評は、ご了解のうえ新聞・雑誌などを通じて紹介させていただくこともあります。採用の場合は、特製図書カードを差しあげます。

なお、ご記入いただいたお名前、ご住所、ご連絡先等は、書評紹介の事前了解、謝礼のお届け以外の目的で利用することはありません。また、それらの情報を6カ月を越えて保管することもありません。

〒101-8701（お手紙は郵便番号だけで届きます）
祥伝社新書編集部
電話03（3265）2310
祥伝社ホームページ　http://www.shodensha.co.jp/bookreview/

★本書の購買動機（新聞名か雑誌名、あるいは○をつけてください）

________新聞の広告を見て	________誌の広告を見て	________新聞の書評を見て	________誌の書評を見て	書店で見かけて	知人のすすめで

★100字書評……なぜ妻は突然、離婚を切り出すのか

名前

住所

年齢

職業

打越さく良　うちこし・さくら

1968年北海道生まれ。東京大学大学院教育学研究科博士課程中途退学。2000年弁護士登録（第二東京弁護士会）。日弁連両性の平等に関する委員会委員、同家事法制委員会委員、都内の児童相談所の非常勤嘱託弁護士、文京区男女平等参画推進会議委員、一般社団法人女子高生サポートセンターColabo監事。離婚、DVなどの家事事件を多く取り扱う。著書に『レンアイ、基本のキ—好きになったらなんでもOK？』（岩波ジュニア新書）、『改訂Q&A　DV事件の実務—相談から保護命令・離婚事件まで』（日本加除出版）、共著に『親権法の比較研究』（日本評論社）など。夫と中学生の長男の3人家族。

なぜ妻《つま》は突然《とつぜん》、離婚《りこん》を切《き》り出《だ》すのか

打越《うちこし》さく良《ら》

2016年1月10日　初版第1刷発行

発行者……………竹内和芳
発行所……………祥伝社しょうでんしゃ
〒101-8701　東京都千代田区神田神保町3-3
電話　03(3265)2081(販売部)
電話　03(3265)2310(編集部)
電話　03(3265)3622(業務部)
ホームページ　http://www.shodensha.co.jp/

装丁者……………盛川和洋
印刷所……………萩原印刷
製本所……………ナショナル製本

Printed in Japan　ISBN978-4-396-11451-0　C0236